基础会计学习题集

（第 1 版）

赵　敏　张正勇　汪振坤　沈永建　编

中国财经出版传媒集团

经济科学出版社
Economic Science Press

图书在版编目（CIP）数据

基础会计学习题集/赵敏等编．—北京：经济科学
出版社，2017.3
ISBN 978 - 7 - 5141 - 7828 - 9

Ⅰ.①基…　Ⅱ.①赵…　Ⅲ.①会计学 - 高等
学校 - 习题集　Ⅳ.①F230 - 44

中国版本图书馆 CIP 数据核字（2017）第 040363 号

责任编辑：黄双蓉
责任校对：王苗苗
责任印制：邱　天

基础会计学习题集

（第 1 版）

赵　敏　张正勇　汪振坤　沈永建　编

经济科学出版社出版、发行　新华书店经销

社址：北京市海淀区阜成路甲 28 号　邮编：100142

总编部电话：010 - 88191217　发行部电话：010 - 88191522

网址：www. esp. com. cn

电子邮件：esp@ esp. com. cn

天猫网店：经济科学出版社旗舰店

网址：http://jjkxcbs. tmall. com

北京万友印刷有限公司印装

787×1092　16 开　12 印张　200000 字

2017 年 3 月第 1 版　2017 年 3 月第 1 次印刷

ISBN 978 - 7 - 5141 - 7828 - 9　定价：22.00 元

前　言

　　会计学基础主要阐述会计的基本理论、基本方法和基本技能。它是会计学的入门学科。随着经济全球化、网络化及金融化的快速发展，会计学的理论与实践也在与时俱进。本书编写的目的是总结与巩固《基础会计学》课程知识，提高学生发现问题与分析问题的实际能力。本书具有以下特点：

　　（1）结构严谨，内容翔实。本书较为全面地安排了会计本质、会计目标、会计假设、会计要素、会计等式、账户与复式记账、主要经济业务核算、财务报告等各类反映会计学原理及实务的习题，为学生掌握这些基本会计原理奠定扎实基础。

　　（2）内容新颖，题量适中。本书以财政部 2014 年后新颁布与修订的基本准则、具体准则及解释公告为基础，根据课程特点，在题型上设置单项选择题、多项选择题、判断题、实训练习等项目，针对课程的重点与难点，系统地练习，以满足不同学历学生的需求。

　　（3）理论前沿，联系实际。本书在提炼教材基本理论的同时，吸纳当代会计研究的最新成果，也更注重理论对会计实务的指导作用。本书以会计基础理论为依托，将实际工作中可能出现的与基础理论相关联的多种经济业务内容贯穿于其中，力求使学生在练习过程中能够充分运用理论灵活地解决会计实际问题，是教材的有益补充和深入。

　　本书由沈永建博士整理，赵敏博士审核，具体撰写分工如下：第一章、第十章、第十一章由沈永建博士编写，第二章、第四章、第七章由张正勇博士编写，第三章、第五章、第六章、第八章由赵敏博士编写，汪振坤博士撰写第九章、第十二章，文责自负。由于受时间仓促、水平有限等因素制约，本习题仍有进一步提升质量的余地。不足之处，敬请指正，不胜感激！

编者

2017 年 1 月

目录

第一章 总 论

一、单项选择题

1. 会计以货币为主要计量单位，通过确认、计量、记录、报告等环节，对特定主体的经济活动进行记账、算账、报账，为各有关方面提供会计信息的功能称为（　　）。
　　A. 会计核算职能　　　　　　　　　B. 会计监督职能
　　C. 会计控制职能　　　　　　　　　D. 会计预测职能

2. 会计是一种经济计算；是一个经济信息系统；是一种（　　）。
　　A. 经济活动　　　　　　　　　　　B. 经济监督活动
　　C. 经济管理活动　　　　　　　　　D. 经济核算和经济监督活动

3. 会计人员在进行会计核算的同时，对特定主体经济活动的合法性、合理性进行审查称为（　　）。
　　A. 会计控制职能　　　　　　　　　B. 会计核算职能
　　C. 会计监督职能　　　　　　　　　D. 会计分析职能

4. 下列属于反映企业财务状况的会计要素是（　　）。
　　A. 收入　　　　　B. 所有者权益　　　　C. 费用　　　　　D. 利润

5. 会计的特点之一是（　　）。
　　A. 核算与监督　　　　　　　　　　B. 反映与控制
　　C. 控制与监督　　　　　　　　　　D. 严格以凭证为主要依据

6. 下列关于会计核算方法体系的说法中错误的是（　　）。
　　A. 只有经过审核并认为正确无误的会计凭证，才能作为登记账簿的依据
　　B. 设置会计科目和账户是使会计核算具有系统性的专门方法

C. 编制财务会计报告是会计核算方法体系的核心

D. 账簿记录所提供的各种核算资料是编制财务报表的直接依据

7. 会计所使用的主要计量单位是（　　　）。

    A. 实物量度   B. 劳动量度

    C. 货币量度   D. 实物量度和货币量度

8. 下列各项中，对于会计核算与会计监督职能关系的表述中不正确的是（　　　）。

    A. 会计核算和会计监督是相辅相成、辩证统一的关系

    B. 会计核算是会计监督的基础

    C. 会计监督是会计核算的质量保障

    D. 只有核算，没有监督，也可以保证核算所提供信息的质量

9. 会计的基本职能是（　　　）。

    A. 反映职能和分析职能   B. 核算职能和监督职能

    C. 反映职能和核算职能   D. 控制职能和监督职能

10. 会计的一般对象可以概括为（　　　）。

    A. 社会的经济活动   B. 社会再生产过程中的资金运动

    C. 工业企业的生产活动   D. 预算单位的管理活动

11. 债权人和投资人对企业资产都拥有要求权，这种要求权总称为（　　　）。

    A. 负债   B. 所有者权益   C. 权益   D. 债权

12. 下列会计科目属于所有者权益类的是（　　　）。

    A. 应付利润   B. 预提费用

    C. 资本公积   D. 长期投资

13. 资产作为一项经济资源，必须是企业（　　　）。

    A. 拥有   B. 控制

    C. 拥有或控制   D. 拥有和控制

14. 会计目标持决策有用观的观点实质上更强调会计信息的（　　　）。

    A. 相关性   B. 及时性   C. 可比性   D. 可靠性

15. 会计目标持受托责任观的观点实质上更强调会计信息的（　　　）。

    A. 相关性   B. 及时性   C. 可比性   D. 可靠性

16. 会计的首要职能是（　　　）。

    A. 会计监督   B. 会计核算

    C. 参与经济决策   D. 进行财务预测

17.（　　）能增加企业的收入。
    A. 向银行借款   B. 租入机器一台
    C. 接受投资   D. 对外提供劳务

18. 能引起企业所有者权益减少的事项有（　　）。
    A. 以银行存款偿还债务   B. 接受投资
    C. 发生费用   D. 对外投资

19.（　　）能引起企业费用的发生。
    A. 借钱给职工   B. 对外投资
    C. 偿还到期债务   D. 招待客人

20.（　　）是企业的负债。
    A. 机器   B. 应收货款
    C. 应付货款   D. 对外投资

二、多项选择题

1. 会计核算的方法主要包括（　　）。
    A. 设置会计账户
    B. 复式记账和登记账簿
    C. 填制和审核凭证
    D. 成本计算、财产清查和编制会计报表

2. 会计方法是完成会计任务的手段，包括（　　）。
    A. 会计核算的方法   B. 会计分析的方法
    C. 会计审核的方法   D. 会计检查的方法

3. 下列各项中，（　　）属于财务会计报告使用者。
    A. 投资者   B. 债权人
    C. 政府及相关机构   D. 单位管理人员

4. 会计的特点主要表现在（　　）。
    A. 以货币为主要计量单位
    B. 以会计凭证为记账依据
    C. 对经济活动进行连续、系统、全面、综合的记录

D. 以提高经济效益为目的

5. 下列项目中属于负债要素特点的有（　　）。

　　A. 负债是由现在的交易或事项引起的偿还义务

　　B. 负债是由过去的交易或事项所形成的现时义务

　　C. 负债是由将来的交易或事项引起的偿还义务

　　D. 负债将最终导致经济利益流出企业

6. 会计核算职能是运用货币形式，通过对经济活动进行（　　），将经济活动的内容转换成会计信息的功能。

　　A. 确认　　　　　　B. 计量　　　　　　C. 记录　　　　　　D. 报告

7. 会计要素主要包括（　　）。

　　A. 资产　　　　　　B. 收入　　　　　　C. 所有者权益　　　D. 费用

8. 收入一般表现为（　　）。

　　A. 资产的增加　　　　　　　　　　B. 负债的减少

　　C. 资产的减少　　　　　　　　　　D. 负债的增加

9. 费用一般表现为（　　）。

　　A. 资产的增加　　　　　　　　　　B. 负债的减少

　　C. 资产的减少　　　　　　　　　　D. 负债的增加

10. 所有者权益包括企业投资者对企业的（　　）。

　　A. 投入资本　　　　　　　　　　　B. 直接计入的利得

　　C. 直接计入的损失　　　　　　　　D. 留存收益

11. （　　）主要用于静态反映企业在一定时点上的财务状况，因此被称为静态要素。

　　A. 资产　　　　　B. 负债　　　　　C. 所有者权益　　　D. 收入

12. （　　）主要用于动态反映企业在一定时期的经营成果，因此被称为动态要素。

　　A. 收入　　　　　B. 资产　　　　　C. 费用　　　　　　D. 利润

13. 下列项目中属于企业资产的有（　　）。

　　A. 应收账款　　　　　　　　　　　B. 应付账款

　　C. 预收账款　　　　　　　　　　　D. 预付账款

14. 下列项目中属于企业负债的有（　　）。

　　A. 应收账款　　　　　　　　　　　B. 应付账款

C. 预收账款   D. 预付账款

15. 会计的角色有（   ）。

    A. 管家   B. 账房先生

    C. 财务信息人   D. 利益协调人

三、判断题

1. 会计监督职能是对各单位发生的经济活动的合法性、合理性和有效性实行审查，控制和规范单位经济活动的运行，使其达到预期的功能。 （ ）

2. 会计处理方法一律不能变更。 （ ）

3. 会计的特点是以记账凭证为依据。 （ ）

4. 会计核算方法有设置账户、复式记账、填制和审核会计凭证、登记账簿、成本计算、财产清查和编制财务会计报告等。 （ ）

5. 我国所有企业的会计核算都必须以人民币作为记账本位币。 （ ）

6. 会计的一般对象就是企业在社会再生产过程中发生的能够用货币表现的经济活动，即社会再生产过程中的资金运动。 （ ）

7. 会计核算和会计监督是会计的两项基本职能。 （ ）

8. 货币量度是唯一的会计计量单位。 （ ）

9. 会计核算以人民币作为记账本位币，业务收支以人民币以外的货币为主的企业，可以选择其中的一种货币作为记账本位币，但是编报的财务会计报告应当折算为人民币。 （ ）

10. 会计要素通常划分为资产、负债、所有者权益、收入、费用、利润六项。 （ ）

11. 所有者权益是指企业所有者对企业资产的所有权。 （ ）

12. 企业清算时，先将所有者权益返还给所有者，再清偿所欠债务。（ ）

13. 资产只能是企业拥有的能以货币计量的经济资源。 （ ）

14. 受托责任观认为会计的目标是提供评估管理当局对受托责任履行情况的信息。 （ ）

15. 决策有用观认为会计的目标是提供可以供各种投资者和债权人进行投资与信贷决策的信息。 （ ）

四、简答题

1. 简述各财务会计要素之间的关系。

2. 会计的核算方法有哪几种？

3. 利润的特征有哪些？

五、论述题

1. 试论会计对象与会计要素的关系。

2. 论述受托责任观和决策有用观的定义及二者的关系。

参 考 答 案

一、单项选择题

1. A；2. C；3. C；4. B；5. D；6. C；7. C；8. D；9. B；10. B；11. C；12. C；13. C；14. A；15. D；16. B；17. D；18. C；19. D；20. C

二、多项选择题

1. ABCD；2. ABD；3. ABCD；4. ABC；5. BD；6. ABCD；7. ABCD；8. AB；9. CD；10. ABCD；11. ABC；12. ACD；13. AD；14. BC；15. ABCD

三、判断题

1. √；2. ×；3. ×；4. √；5. ×；6. √；7. √；8. ×；9. √；10. √；11. × 12. ×；13. ×；14. √；15. √

四、简答题

1. 财务会计要素包括资产、负债、所有者权益、收入、费用、利润。

各会计要素之间的关系为：资产＝负债＋所有者权益；收入－费用＝利润。

2. （1）设置账户，是对会计对象的具体内容进行归类核算和监督的一种专门方法。

（2）复式记账，是对任何一笔经济业务都以相等的金额，在两个或两个以上的相关账户中作相互联系的登记，从而能够全面、系统地核算经济业务对各会计要素影响的一种专门方法。

（3）填制和审核会计凭证，会计凭证是用来记录经济业务、明确经济业务责任，并据以登记账簿依据的书面凭证的一种专门方法。

（4）登记账簿，是根据会计凭证，在账簿上连续、完整、系统地记录经济业务的一种专门方法。

（5）成本计算，是按一定对象归集各个经营期间发生的费用，从而计算各个对象的总成本和单位成本的一种专门方法。

（6）财产清查，是指通过对货币资金、实物资产和往来款项的盘点或核对，确定其实存数，查明账存数与实存数是否相符的一种专门方法。

（7）编制会计报表，是以书面报告的形式，定期总括地反映企事业单位财务状况、经营成果和现金流量变动情况的一种专门方法。

3.（1）利润是收入和费用两个会计要素配比的结果。当某一会计期间的收入大于费用时，表现为企业利润，反之则表现为企业亏损。

（2）利润的形成导致所有者权益的增加，亏损的发生则造成所有者权益的减少。

五、论述题

1. 会计对象即会计客体，是会计反映和控制具体内容的抽象概括。凡是特定主体能够以货币表现的经济活动，都是会计对象。会计对象在我国传统会计理论中占有重要的地位，也是一个很有争议的问题。会计要素是根据交易或事项的经济特征所确定的会计对象的基本分类，是会计核算对象的具体化，是从会计的角度描述经济活动的基本要素。会计要素是构成会计的必不可少的元素与元素之间的联系。简单地说，就是将会计对象的具体内容按其经济特性所做的分类，即会计所要核算的内容。在我国，主流的说法是：会计对象一般是指在生产过程中发生的、能够用货币表现的经济活动。由此可见，会计对象是会计要素的抽象化。反之，会计要素是会计对象的具体化。两者是互为因果的关系。

2.（1）受托责任观。受托责任又称经营责任，是在所有权和经营权分离的情况下，资源所有者将其资源委托给经营者管理，经营者负有向委托者交代其经营行为的过程和结果的责任。所以该观点认为会计目标就是向企业所有者有效地反映企业经营者受托责任的履行情况。因此"受托责任观"主要针对的是公司的经营管理者，反映经营者受托责任的履行情况。

（2）决策有用观。决策有用观认为会计的目标就是向信息使用者提供有利于其决策的会计信息，它强调会计信息的相关性和有用性。从会计确认方面来看，决策有用学派认为会计人员不仅应确认实际已发生的经济事项，还要确认那些虽然尚未发生但对企业已有影响的经济事项，以满足信息使用者决策的需要；从会计计量方面来看，决策有用学派认为会计报表应反映企业财务状况和经营成果的动态变化，在会计计量上主张以历史成本为主，并鼓励在物价变动情况下多种计量属性的并行；在会计报表方面，决策有用学派认为会计报表应尽量全面提供对决策有用的会计信息，由于会计信息使用者需求的多样性，因此，在会计报表上强调对资产负债表、利润表及现金流量表一视同仁，不存在对某种会计报表的特殊偏好。因此决策有用观主要针对的是公司的股东等利益相关者，为其投资决策服务。

受托责任观重在报告受托者的受托管理情况，而决策有用观是从企业会计信息使用者角度来谈的。实际上，两者并不矛盾，都暗含了会计信息观，即会计目标是提供信息。在受托责任观下，会计目标是向资源委托者提供信息；在决策有用观下，会计的目标是向信息使用者提供有用的信息，不单向资源委托者，还向债权人、政府等和企业有密切关系的信息使用者提供决策有用的信息。同时，两者侧重的角度不同，"受托责任观"是从监督角度考虑，主要是为了监督受托者的受托责任；"决策有用观"侧重于信号角度，即会计信息能够传递信号，向信息使用者提供对决策有用的信息。两者之间相互联系、相互补充。

第二章　基本会计核算原理

一、单项选择题

1. 会计核算上将以融资租赁方式租入的资产视为企业的资产，所遵循的会计原则是（　　）。
   - A. 重要性原则
   - B. 相关性原则
   - C. 实质重于形式原则
   - D. 谨慎性原则

2. 在进行会计核算时，应将企业的财产与个人财产、其他企业财产及国家财产区分开来，是依据（　　）前提。
   - A. 会计主体
   - B. 持续经营
   - C. 会计分期
   - D. 货币计量

3. 强调不同企业的会计信息横向可比的会计核算原则是（　　）。
   - A. 重要性原则
   - B. 相关性原则
   - C. 实质重于形式原则
   - D. 可比性原则

4. （　　）是持续经营、会计分期基本前提的基础。
   - A. 会计主体
   - B. 货币计量
   - C. 会计估价
   - D. 会计核算

5. （　　）界定了从事会计工作和提供会计信息的空间范围。
   - A. 会计职能
   - B. 会计对象
   - C. 会计内容
   - D. 会计主体

6. 在可预见的未来，会计主体不会破产清算，所持有的资产将正常营运，所负有的债务将正常偿还。这属于（　　）。
   - A. 会计主体假设
   - B. 持续经营假设

C. 会计分期假设   D. 货币计量假设

7. 在我国，会计期间分为年度、半年度、季度和月度，它们均按（   ）确定。

    A. 公历起讫日期   B. 农历起讫日期

    C. 7月制起讫日期   D. 4月制起讫日期

8. 会计核算和监督的内容是特定主体的（   ）。

    A. 经济活动   B. 实物运动

    C. 资金运动   D. 经济资源

9. 会计主体从（   ）上对会计核算范围进行了有效界定。

    A. 空间   B. 时间   C. 空间和时间   D. 内容

10. （   ）作为会计的基本假设，就是将一个会计主体持续经营的生产经营活动划分为若干个相等的会计期间。

    A. 会计分期   B. 会计主体

    C. 会计年度   D. 持续经营

11. 企业资产以历史成本计价而不以清算价格计价，依据的会计基本假设是（   ）。

    A. 会计主体   B. 持续经营

    C. 会计分期   D. 货币计量

12. 以下不属于有价证券的是（   ）。

    A. 银行汇票   B. 国库券

    C. 股票   D. 企业债券

13. 在会计假设中，对会计活动所服务的对象作出基本设定的是（   ）。

    A. 会计主体   B. 会计分期

    C. 持续经营   D. 实质重于形式

14. 下列有关会计主体的表述中，不正确的是（   ）。

    A. 会计主体是指会计核算和监督的特定单位和组织

    B. 会计主体就是法律主体

    C. 由若干具有法人资格的企业组成的企业集团也是会计主体

    D. 会计主体界定了从事会计工作和提供会计信息的空间范围

15. 成本是企业为生产产品、提供劳务而发生的各种耗费，是（   ）了的费用。

    A. 加总计算   B. 计算分析

C. 对象化   D. 日常核算

16. 企业在一定时期内通过从事生产经营活动而在财务上取得的结果称为（　　）。

     A. 经营业绩   B. 财务成果

     C. 财务状况   D. 盈利能力

17. 以下应作为债权处理的项目是（　　）。

     A. 其他应收款   B. 预收账款

     C. 应付账款   D. 应交税费

18. 以下说法不正确的是（　　）。

     A. 财物包括原材料和固定资产等

     B. 财物是企业进行正常生产经营活动的经济资源

     C. 财物必须具有实物形态

     D. 包装物应作为固定资产

19. 下列项目中，不属于会计核算具体内容的是（　　）。

     A. 有价证券的收付   B. 财物的使用

     C. 制定下年度管理费用开支计划   资本的增减

20. 在货币计量前提下，我国企业的会计核算可以选用一种外币作为记账本位币，但其编制的财务会计报告应折算为（　　）反映。

     A. 记账本位币   B. 功能货币

     C. 人民币   D. 某种外币

21. 企业在生产经营过程中将按照既定的用途使用资产和既定的合约条件清偿债务，会计人员在此基础之上选择会计原则和方法，是基于（　　）假设。

     A. 会计主体   B. 持续经营

     C. 会计分期   D. 货币计量

22. 基于会计分期假设运用的特殊会计方法包括应收、应付和（　　）等。

     A. 购入、售出   B. 投入、产出

     C. 预收、预付   D. 收入、支出

23. 采用权责发生制基础时，下列业务中不能确认为当期收入的有（　　）。

     A. 收到当期销货款   B. 销售商品，货款尚未收到

     C. 销售商品，同时收到货款   D. 收到以前月份的销货款

24. 采用权责发生制基础时，下列业务中能确认为当期费用的是（　　）。

    A. 支付下年的报纸、杂志费　　　　　B. 预提本月短期借款利息

    C. 预付下季度房租　　　　　　　　　D. 支付上月电费

25. 在收付实现制下不能确认为当期费用的项目是（　　）。

    A. 支付下年报纸、杂志费　　　　　　B. 预提本月短期借款利息

    C. 支付全年的财产保险费　　　　　　D. 支付当月管理部门用房屋租金

26. 下列不属于资产项目的是（　　）。

    A. 货币资金　　　　　　　　　　　　B. 银行存款

    C. 信用卡存款　　　　　　　　　　　D. 短期借款

27. （　　）假设为会计核算提供了必要手段。

    A. 会计主体　　　　　　　　　　　　B. 持续经营

    C. 会计分期　　　　　　　　　　　　D. 货币计量

28. （　　）假设为解决会计核算中的财产计价方法和费用分配方法等提供了前提条件。

    A. 会计主体　　　　　　　　　　　　B. 持续经营

    C. 会计分期　　　　　　　　　　　　D. 货币计量

二、多项选择题

1. 下列项目中，可以作为一个会计主体进行核算的有（　　）。

    A. 母公司　　　　　　　　　　　　　B. 分公司

    C. 母公司和子公司组成的企业集团　　D. 销售部门

2. 下列项目中，属于会计基本假设的有（　　）。

    A. 会计主体　　　　　　　　　　　　B. 持续经营

    C. 会计分期　　　　　　　　　　　　D. 货币计量

3. 下列说法正确的有（　　）。

    A. 会计核算过程中采用货币为主要计量单位

    B. 我国企业的会计核算只能以人民币为记账本位币

    C. 业务收支以外币为主的单位可以选择某种外币为记账本位币

    D. 在境外设立的中国企业向国内报送的财务报告，应当折算为人民币

4. 目前，我国事业单位会计可采用的会计基础有（　　　）。

    A. 持续经营　　　　　　　　　　　　B. 权责发生制

    C. 货币计量　　　　　　　　　　　　D. 收付实现制

5. 会计期间可以分为（　　　）。

    A. 月度　　　　　　B. 季度　　　　　　C. 年度　　　　　　D. 半年度

6. 根据《企业会计准则——基本准则》的规定，称为会计中期的有

（　　　）。

    A. 半年度　　　　　　B. 季度　　　　　　C. 月度　　　　　　D. 旬

7. 下列项目中，属于债权的有（　　　）。

    A. 应收款项　　　　　　　　　　　　B. 应付款项

    C. 预付款项　　　　　　　　　　　　D. 预收款项

8. 下列项目中，属于债务的有（　　　）。

    A. 各项借款　　　　　　　　　　　　B. 应收款项

    C. 应付款项　　　　　　　　　　　　D. 预收款项

9. 下列项目中，属于财务成果的计算和处理内容的有（　　　）。

    A. 利润的计算　　　　　　　　　　　B. 所得税的计算

    C. 利润分配　　　　　　　　　　　　D. 亏损弥补

10. 下列项目中，属于有价证券的有（　　　）。

    A. 银行本票　　　　　　　　　　　　B. 国库券

    C. 股票　　　　　　　　　　　　　　D. 企业债券

11. 财物是财产、物资的简称，下列项目中属于财物的有（　　　）。

    A. 库存商品　　　　　　　　　　　　B. 固定资产

    C. 无形资产　　　　　　　　　　　　D. 应收及预付款

12. 下列项目中，属于会计核算具体内容的有（　　　）。

    A. 款项和有价证券的收付

    B. 财物的收发、增减和使用

    C. 债权债务的发生和结算

    D. 收入、支出、费用、成本的计算

13. 下列各项中，属于中期财务报表的有（　　　）。

    A. 月报　　　　　　　　　　　　　　B. 季报

    C. 半年报　　　　　　　　　　　　　D. 年度财务报表

14. 下列项目中，可以作为一个会计主体进行会计核算的有（　　　）。

    A. 企业集团　　　　　　　　　　B. 民间非营利组织

    C. 分公司　　　　　　　　　　　D. 子公司

15. 下列会计处理方法中，基于会计分期假设的有（　　　）。

    A. 应收　　　　B. 应付　　　　C. 预提　　　　D. 待摊

16. 采用权责发生制基础时，下列业务中可以确认为当期收入的有（　　　）。

    A. 收到购货方前欠销货款　　　　B. 销售商品，货款尚未收到

    C. 销售商品，同时收到货款　　　D. 收到购货方预付的购货款

17. 采用权责发生制基础时，下列业务中不能确认为当期费用的有（　　　）。

    A. 支付下年的报纸、杂志费　　　B. 预提本月短期借款利息

    C. 预付下季度房租　　　　　　　D. 支付上月电费

18. 会计期间通常分为年度和中期，中期财务会计报告包括（　　　）。

    A. 周报　　　　B. 月报　　　　C. 季报　　　　D. 半年报

三、判断题

1. 会计主体是指企业法人。　　　　　　　　　　　　　　　　（　　）

2. 会计主体一般都是法律主体，但法律主体不一定是会计主体。（　　）

3. 会计是指以货币为主要计量单位，反映和监督一个单位经济活动的经济管理工作。　　　　　　　　　　　　　　　　　　　　　　（　　）

4. 会计核算和监督的内容就是指企业发生的所有经济活动。　（　　）

5. 现金和银行存款都是货币资金，股票则作为有价证券。　　（　　）

6. 各项借款、应付和预付款项都是企业的债务。　　　　　　（　　）

7. 我国企业会计采用的计量单位只有一种，即货币计量。　　（　　）

8. 在我国境内设立的企业，会计核算都必须以人民币作为记账本位币。

                                                （　　）

9. 凡是特定主体能够以货币表现的经济活动都是会计对象。（　　）

10. 会计主体是进行会计核算的基本前提之一，一个企业可以根据具体情况确定一个或若干个会计主体。　　　　　　　　　　　　　　（　　）

11. 资本是投资者为开展生产经营活动而投入的资金，会计上的资本既包括投入资本也包括借入资本。　　　　　　　　　　　　　　（　　）

12. 支出是企业发生的各项开支，以及在正常生产经营活动以外的支出和损失。 （ ）

13. 各单位必须根据实际发生的经济业务事项进行会计核算，编制财务会计报告。 （ ）

14. 企业发生的经济业务事项应在依法设置的会计账簿上统一登记、核算，不得私设账簿。 （ ）

15. 使用电子计算机进行核算时，不一定要符合国家统一的会计制度的规定。 （ ）

16. 会计记录所使用的文字只能是中文，不允许使用民族文字或外国文字。 （ ）

17. 财物是财产、物资的简称，包括原材料、机器设备和应收款项。 （ ）

18. 只要有经济利益流入，就是企业的收入。 （ ）

19. 所得税的计算是财务成果计算和处理的一个重要方面。 （ ）

20. 成本是企业为生产产品、提供劳务而发生的各种耗费，因而企业发生的各项费用都是成本。 （ ）

21. 财务成果表现为盈利，亏损则不能称为财务成果。 （ ）

22. 银行汇票、银行本票和信用证都属于有价证券。 （ ）

四、实训练习

星海公司由张安和李欣二人合伙创建，2016 年 12 月发生了下列经济业务，并由会计做了相应的处理：

（1）12 月 8 日，张安从公司出纳处拿了 460 元现金自己使用，会计将 460 元记为公司的办公费支出，理由是：张安是该公司的合伙人，公司的钱也有张安一部分；

（2）12 月 15 日，会计将 12 月 1 日~15 日的收入、费用汇总后计算出半个月的利润，并编制了财务报表；

（3）12 月 21 日，星海公司收到某外资企业支付的业务咨询费 2 000 美元，会计直接将其记到美元账户中；

（4）12 月 30 日，会计将计提固定资产折旧方法由之前一直沿用的年限平均法改为年数总和法；

（5）12月30日，星海公司购买了一台电脑，价值12 000元，会计将12 000元一次性全部计入当期管理费用；

（6）12月31日，在星海公司编制的资产负债表中显示"应收账款"为60 000元，"坏账准备"为0元。

要求：根据上述资料，分析星海公司的会计人员在处理上述经济业务时是否完全正确，若不正确，请指出主要违背了哪项会计假设或会计信息质量要求及会计确认计量原则。

参考答案

一、单项选择题

1. C；2. A；3. D；4. A；5. D；6. B；7. A 8. C；9. A；10. A；11. B；12. A；13. A；14. B；15. C；16. B；17. A；18. D；19. C；20. C；21. B；22. C；23. D；24. B；25. B；26. D；27. D；28. B

二、多项选择题

1. ABCD；2. ABCD；3. ACD；4. BD；5. ABCD；6. ABC；7. AC；8. ACD；9. ABCD；10. BCD；11. AB；12. ABCD；13. ABC；14. ABCD；15. ABCD；16. BC；17. ACD；18. BCD

三、判断题

1. ×；2. ×；3. √；4. ×；5. √；6. ×；7. ×；8. ×；9. √；10. √；11. ×；12. √；13. √；14. √；15. ×；16. ×；17. ×；18. ×；19. √；20. ×；21. ×；22. ×

四、实训练习

星海公司的会计人员在处理经济业务时不完全正确，主要表现在：

（1）张安从公司取钱用于私人开支，不属于星海公司的业务，不能作为办公费支出。因此，会计人员违背了会计主体假设。

（2）12月15日，编制12月1日~15日的财务报表不属于年度财务报表或中期财务报表。我国会计分期假设规定的会计期间为年度、半年度、季度和月度。

（3）我国有关法律规定，企业应当以人民币作为记账本位币，但企业业务收支以外币为主，可以选择某种外币作为记账本位币。因此，收到的 2 000 美元咨询费，应该视星海公司以何种货币作为记账本位币而确定后计入的账户。

（4）计提折旧，前后期采用不同的计算方法，违背了会计信息可比性质量要求。

（5）购买电脑应作为资本性支出，分期摊销其成本，不能一次性计入当期费用，违背了划分收益性支出与资本性支出原则。

（6）按照谨慎性原则，应对应收账款计提坏账准备，但该公司未计提。

第三章　复式会计记账方法

一、单项选择题

1. 借贷记账法的贷方表示（　　）。
    A. 资产增加，负债及所有者权益减少
    B. 资产增加，负债及所有者权益增加
    C. 资产减少，负债及所有者权益减少
    D. 资产减少，负债及所有者权益增加

2. 用来记录收入的账户期末一般（　　）。
    A. 无余额
    B. 余额在借方
    C. 余额在贷方
    D. 余额不固定

3. 下列可以作为总分类科目的有（　　）。
    A. 钢材
    B. 库存现金
    C. A 材料
    D. 票据

4. 对会计对象具体内容进行总括分类的科目是（　　）。
    A. 总分类科目
    B. 总括科目
    C. 明细科目
    D. 二级科目

5. 会计科目和账户之间的区别在于（　　）。
    A. 记录资产和权益的增减变动情况不同
    B. 记录资产和负债的结果不同
    C. 反映的经济内容不同
    D. 账户有结构而会计科目无结构

6. 用来记录费用的账户期末一般（　　）。
    A. 无余额
    B. 余额在借方

　　　　C. 余额在贷方　　　　　　　　　　　D. 余额不固定

7. 借贷记账法试算平衡的方法是（　　　）。

　　　　A. 总账及所属明细账的余额平衡　　　B. 差额平衡

　　　　C. 所有资产类和负债类的余额平衡　　D. 发生额平衡、余额平衡

8. 会计科目是（　　　）。

　　　　A. 账户的名称　　　　　　　　　　　B. 账簿的名称

　　　　C. 报表项目的名称　　　　　　　　　D. 会计要素的名称

9. 账户结构一般分为（　　　）。

　　　　A. 左右两方　　　　　　　　　　　　B. 上下两部分

　　　　C. 发生额、余额两部分　　　　　　　D. 前后两部分

10. 账户的贷方反映的是（　　　）。

　　　　A. 费用的增加　　　　　　　　　　　B. 所有者权益的减少

　　　　C. 收入的增加　　　　　　　　　　　D. 负债的减少

11. 账户余额一般与（　　　）在同一方向。

　　　　A. 增加额　　　　　　　　　　　　　B. 减少额

　　　　C. 借方发生额　　　　　　　　　　　D. 贷方发生额

12. 下列错误中能够通过试算平衡查找的有（　　　）。

　　　　A. 重记经济业务　　　　　　　　　　B. 漏记经济业务

　　　　C. 借贷方向相反　　　　　　　　　　D. 借贷金额不等

13. 登记总账与所属明细账的原则是（　　　）。

　　　　A. 根据总账记明细账　　　　　　　　B. 根据明细账记总账

　　　　C. 根据凭证分别登记　　　　　　　　D. 先记总账后记明细账

14. "应收账款"账户初期余额为 5 000 元，本期借方发生额为 6 000 元，贷方发生额为 4 000 元，则期末余额为（　　　）。

　　　　A. 借方 5 000 元　　　　　　　　　　B. 贷方 3 000 元

　　　　C. 借方 7 000 元　　　　　　　　　　D. 贷方 2 000 元

15. 在借贷记账中，账户的哪一方记增加数，哪一方记减少数取决于（　　　）。

　　　　A. 账户的结构　　　　　　　　　　　B. 账户的作用

　　　　C. 账户的用途　　　　　　　　　　　D. 账户的类型

16. 下列经济业务发生，使资产和权益项目同时增加的是（　　　）。

　　　　A. 生产产品领用材料

    B. 以现金发放工资

    C. 以资本公积转增资本

    D. 收到购货单位预付款，并存入银行

17. 下列科目中属于债权类科目的是（   ）。

    A. 应收账款   B. 营业费用

    C. 预收账款   D. 盈余公积

18. 下列经济业务发生，不会导致会计等式两边总额发生变化的有（   ）。

    A. 收回应收账款并存入银行

    B. 从银行取得借款并存入银行

    C. 以银行存款偿还应付账款

    D. 收到投资者以无形资产进行的投资

19. 某企业本期期初资产总额为 140 000 元，本期期末负债总额比期初增加 20 000 元，所有者权益总额比期初减少 10 000 元，则企业期末资产总额为（   ）元。

    A. 170 000   B. 130 000   C. 150 000   D. 120 000

20. 下列引起资产和负债同时增加的经济业务是（   ）。

    A. 以银行存款偿还银行借款   B. 收回应收账款存入银行

    C. 购进材料一批货款未付   D. 以银行借款偿还应付账款

21. 某企业 2016 年 10 月末负债总额 120 万元，11 月份收回应收账款 20 万元，用银行存款归还借款 15 万元，预付购货款 6 万元，11 月末负债总额为（   ）万元。

    A. 105   B. 111   C. 115   D. 121

22. 借贷记账法的理论依据是（   ）。

    A. 借贷平衡   B. 有借必有贷

    C. 复式记账法   D. 资产＝负债＋所有者权益

23. 某项经济业务的会计分录为：借：资本公积 5 000   贷：实收资本 5 000 该分录表示（   ）。

    A. 一个资产项目减少 5 000 元，一个所有者权益项目增加 5 000 元

    B. 一个所有者权益项目增加 5 000 元，另一个所有者权益项目减少 5 000 元

    C. 一个资产项目增加 5 000 元，一个所有者权益项目增加 5 000 元

    D. 一个所有者权益项目增加 5 000 元，另一个负债项目减少 5 000 元

24. 关于试算平衡法的下列说法中不正确的是（　　）。

    A. 包括发生额试算平衡法和余额试算平衡法

    B. 试算不平衡，表明账簿记录肯定有错误

    C. 试算平衡了，说明账簿记录一定正确

    D. 发生额试算平衡的理论依据是"有借必有贷、借贷必相等"

25. 在借贷记账法下，科目的贷方用来登记（　　）。

    A. 大部分收入类科目的减少

    B. 大部分所有者权益类科目的增加

    C. 大部分负债类科目的减少

    D. 大部分成本类科目的增加

26. 下列关于借贷记账法下账户的结构说法中错误的是（　　）。

    A. 损益类账户和负债类账户结构类似

    B. 资产类账户和成本类账户结构相同

    C. 所有者权益类账户和损益类账户中的收入类账户结构相似

    D. 损益类账户期末结转后一般无余额

27. 某企业本期期初资产总额为 100 万元，本期期末负债总额比期初减少了 10 万元，所有者权益比期初增加了 30 万元，则该企业本期期末资产总额为（　　）万元。

    A. 90　　　　　　B. 100　　　　　　C. 120　　　　　　D. 130

28. 下列记账错误中，不能通过试算平衡检查发现的是（　　）。

    A. 将某一分录的借方发生额 600 元，误写成 6 000 元

    B. 某一分录的借贷方向写反

    C. 借方的金额误记到贷方

    D. 漏记了借方的发生额

29. 甲公司月末编制的试算平衡表中，全部科目的本月贷方发生额合计为 120 万元，除银行存款外的本月借方发生额合计 104 万元，则银行存款科目（　　）。

    A. 本月借方余额为 16 万元　　　　　　B. 本月贷方余额为 16 万元

    C. 本月贷方发生额为 16 万元　　　　　　D. 本月借方发生额为 16 万元

30. 一般情况下，资产科目的借方、贷方分别表示（　　）。

    A. 减少、减少　　　　　　B. 减少、增加

C. 增加、减少   D. 增加、增加

31. 发生额试算平衡法是根据（   ）确定的。

    A. 借贷记账法的记账规则   B. 经济业务内容

    C. 资产 = 负债 + 所有者权益   D. 经济业务类型

32. 对于所有者权益类账户而言（   ）。

    A. 增加记借方   B. 增加记贷方

    C. 减少记贷方   D. 期末无余额

33. 资产类账户的期末余额一般在（   ）。

    A. 借方   B. 借方或贷方

    C. 贷方   D. 借方和贷方

34. 符合负债类账户记账规则的是（   ）。

    A. 增加额记借方   B. 增加额记贷方

    C. 减少额记借方   D. 期末无余额

35. 借贷记账法下的"借"表示（   ）。

    A. 费用增加   B. 负债增加

    C. 所有者权益增加   D. 收入增加

二、多项选择题

1. 总分类账户与明细分类账户平行登记的要点有（   ）。

    A. 对每笔经济业务，既要记入有关的总分类账户，又要在同一会计期间
        记入所属的明细分类账户

    B. 对每笔经济业务，记入总分类账户的方向须与记入所属的各明细分类
        账户的方向相同

    C. 对每笔经济业务，记入总分类账户的金额须与记入所属的各明细分类
        账户的金额之和相等

    D. 对于某一企业来说，其全部总分类账户的本期发生额之和等于全部明
        细分类账户的本期发生额之和

2. 关于借贷记账法，下列说法正确的有（   ）。

    A. 经济业务所引起的资产增加和权益减少应记入账户的借方

    B. 借贷记账法下，不能设置双重性质的账户

C. 记账规则是：有借必有贷，借贷必相等

D. 所有账户的借方余额之和等于所有账户的贷方余额之和

3. 编制会计分录时，要确定的要素内容有（　　）。

A. 记账规则　　　　　　　　　　　B. 会计科目

C. 记账方向　　　　　　　　　　　D. 应记金额

4. 关于"从银行提取现金1 000元"这项经济业务，下列各观点中正确的有（　　）。

A. "库存现金"和"银行存款"两个账户互为对应账户

B. 应在"库存现金"账户借方登记1 000元，同时在"银行存款"账户贷方登记1 000元

C. 这项经济业务不会引起企业的资产和权益总额发生增减变化

D. "库存现金"和"银行存款"两个账户的余额一般在借方

5. 下列各项目中，属于借贷记账法试算平衡公式的有（　　）。

A. 全部账户的本期借方发生额合计＝全部账户的本期贷方发生额合计

B. 资产＝负债＋所有者权益

C. 全部账户的期初借方余额合计＝全部账户的期初贷方余额合计

D. 全部账户的期末借方余额合计＝全部账户的期末贷方余额合计

6. 总账和明细账平行登记时，必须做到（　　）。

A. 记账依据相同　　　　　　　　　B. 记账方向相同

C. 记账详略相同　　　　　　　　　D. 记账金额相等

7. 借贷记账法的借方表示（　　）。

A. 所有者权益减少　　　　　　　　B. 资产增加

C. 负债减少　　　　　　　　　　　D. 收入减少

8. 在进行试算平衡时，不会影响借贷双方平衡关系的有（　　）。

A. 重记漏记某项经济业务

B. 某项经济业务借贷金额不一致

C. 某项经济业务记错有关账户

D. 某项经济业务颠倒了记账方向

9. 借贷记账法的平衡公式是（　　）。

A. 每个账户借方发生额等于每个账户贷方发生额

B. 所有账户的借方期末余额合计等于所有账户的贷方期末余额合计

C. 所有账户的期初余额等于所有账户的期末余额

D. 所有账户的借方本期发生额合计等于所有账户的贷方本期发生额合计

10. 向银行取得短期借款并存入银行，涉及的账户有（　　　）。

    A. 银行存款   B. 短期借款

    C. 其他货币资金   D. 库存现金

11. 下列账户中，期末结账后没有余额的账户有（　　　）。

    A. 营业收入   B. 生产成本

    C. 投资收益   D. 其他业务收入

12. 账户中的各项金额包括（　　　）。

    A. 期初余额   B. 本期增加额

    C. 本期减少额   D. 期末余额

13. 下列会计科目中属于债权类科目的是（　　　）。

    A. 应收账款   B. 销售费用

    C. 预收账款   D. 预付账款

14. 总分类账和明细账的关系是（　　　）。

    A. 总分类账提供总括资料，明细账提供详细资料

    B. 总分类账和明细分类账平行登记

    C. 总分类账统驭、控制所属明细账

    D. 明细分类账补充说明与其相关的总分类账

15. 下列会计科目中属于流动资产的有（　　　）。

    A. 原材料   B. 银行存款

    C. 交易性金融资产   D. 固定资产

16. 期间费用一般包括（　　　）。

    A. 财务费用   B. 管理费用

    C. 制造费用   D. 销售费用

17. 以下属于平行登记规则要点的有（　　　）。

    A. 金额相等   B. 期间不同

    C. 方向一致   D. 依据相同

18. 下列关于总分类账户与明细分类账户关系的说法中正确的有（　　　）。

    A. 总分类账户对明细分类账户具有统驭控制作用

    B. 明细分类账户所提供的明细核算资料是对其总分类账户资料的具体化

C. 明细分类账户对总分类账户具有补充说明作用

D. 总分类账户与其所属明细分类账户在总金额上应当相等

19. 借贷记账法下，（　　）的依据是"资产＝负债＋所有者权益"。

A. 全部账户的期初借方余额合计＝全部账户的期初贷方余额合计

B. 全部账户的期末借方余额合计＝全部账户的期末贷方余额合计

C. 全部账户的期初借方余额合计＋全部账户本期借方发生额合计＝全部账户的期末借方余额合计

D. 全部账户的期初贷方余额合计＋全部账户本期贷方发生额合计＝全部账户的期末贷方余额合计

20. 资产与权益的恒等关系是（　　）。

A. 复式记账法的理论依据

B. 总账与明细账平行登记的理论依据

C. 余额试算平衡的理论依据

D. 编制资产负债表的依据

21. 用公式表示试算平衡关系，正确的有（　　）。

A. 全部账户本期借方发生额合计＝全部账户本期贷方发生额合计

B. 全部账户的借方期初余额合计＝全部账户的贷方期初余额合计

C. 负债类账户借方发生额合计＝负债类账户贷方发生额合计

D. 资产类账户借方发生额合计＝资产类账户贷方发生额合计

三、判断题

1. 在借贷记账法下，账户的借方登记增加数，贷方登记减少数。　　（　　）

2. 费用类账户的结构与资产类账户结构完全相同。　　（　　）

3. "借方期末余额＝借方期初余额＋本期借方发生额－本期贷方发生额"这一公式适用于任何性质账户的结账。　　（　　）

4. 通过试算平衡检查账簿记录，但借贷平衡不能肯定记账准确无误。

（　　）

5. 企业在不违反国家统一会计制度的前提下，可以根据实际情况自行增设、减少或合并某些会计科目。　　（　　）

6. 借贷记账法中的"借"、"贷"分别表示债权和债务。　　（　　）

7. 只要实现了期初余额、本期发生额和期末余额的平衡关系，就说明账户记录正确。 （ ）

8. 借贷记账法下账户的借方记录资产的增加或权益的减少，贷方记录资产的减少或权益的增加。 （ ）

9. 收入类账户期末结转后无余额。 （ ）

10. 反映未分配利润的账户有"本年利润"和"利润分配"。 （ ）

11. "预收账款"属于资产类账户，"预付账款"属于负债类账户。 （ ）

12. 账户是会计科目的名称。 （ ）

13. 账户的借方反映资产和负债及所有者权益的增加，贷方反映资产和负债及所有者权益的减少。 （ ）

14. 在所有的账户中，左边均登记增加额，右方均登记减少额。 （ ）

15. 凡是余额在借方的都是资产类账户。 （ ）

16. 在会计核算中，会计科目往往也就是指账户，因为会计科目是根据账户设置的。 （ ）

17. 在借贷记账法下，成本类科目的借方登记增加数，贷方登记减少数，期末无余额。 （ ）

18. 一般来说一个复合会计分录可以分解为若干个简单会计分录。 （ ）

19. 各种复式记账法的根本区别在于记账符号不同。 （ ）

20. 借贷记账法的特点是以"借"、"贷"作为记账符号，借方表示资产和费用的增加，贷方表示负债、所有者权益的减少。 （ ）

21. 编制试算平衡表时，也应该包括只有期初余额而没有本期发生额的账户。 （ ）

四、实训练习

1. 宏大公司 2015 年 6 月发生经济业务如下：

（1）职工张明出公差，预借差旅费 1 000 元，出纳员以现金支付。

（2）购入材料一批，金额 5 000 元，材料已验收入库，货款尚未支付。

（3）张明报销差旅费 940 元，收回现金 60 元。

（4）购买设备一台，买价 80 000 元，款项已通过银行存款支付。

（5）向银行申请 3 个月临时借款 200 000 元，借款已划入企业银行存款账户。

（6）收到光明公司的投资款 300 000 元，存入银行。

要求：

（1）根据以上业务编制会计分录。

（2）编制发生额试算平衡表。

2. A 公司投资开办南海服务部，2015 年 3 月 1 日资产、负债、所有者权益各项目期初余额为：A 公司投资 15 000 元，库存现金 176 元，银行存款 8 800 元，应收甲商店款 2 000 元，库存物品 4 500 元，向银行借入的短期借款 5 000 元，应付乙单位货款 900 元，各种办公用品 624 元，各种家具用具共计 4 800 元。

2015 年 3 月发生下列业务：

（1）A 公司代服务部归还到期借款 5 000 元，转作增加 A 公司投资。

（2）取得营业收入 8 500 元，存入银行。

（3）用银行存款偿还应付乙单位货款 900 元。

（4）赊购保险箱一只价值 1 000 元。

（5）用现金购入办公用品 140 元。

（6）收到甲商店前欠账款 1 500 元存入银行。

要求：

（1）列出期初会计等式。

（2）列示经济业务发生对会计等式的影响，并加计金额，列出期末会计等式。

3. 某企业 2015 年 6 月末资产总额为 1 080 000 元，负债总额为 780 000 元。当年 7 月发生了如下经济业务事项：

（1）接受投资者投入 20 000 元。

（2）以银行存款 500 000 元，归还到期的银行借款。

（3）开出商业汇票 180 000 元，购进一台设备。

（4）预收利华公司购货款 20 000 元，已存入银行。

（5）以现金 50 000 支付上月职工工资。

要求：计算 2015 年 7 月末以下项目金额（答案金额单位用元表示）。

（1）资产总额 =（   ）元。

（2）负债总额 =（   ）元。

（3）所有者权益总额 =（   ）元。

参考答案

一、单项选择题

1. D；2. A；3. B；4. A；5. D；6. A；7. D；8. A；9. A；10. C；11. A；
12. D；13. C；14. C；15. D；16. D；17. A；18. A；19. C；20. C；21. A；
22. D；23. B；24. C；25. B；26. A；27. C；28. B；29. D；30. C；31. A；
32. B；33. A；34. B；35. A

二、多项选择题

1. ABC；2. ACD；3. BCD；4. ABCD；5. ACD；6. ABD；7. ABCD；
8. ACD；9. BD；10. AB；11. ACD；12. ABCD；13. AD；14. ABCD；15. ABC；
16. ABD；17. ACD；18. ABCD；19. AB；20. ACD；21. AB

三、判断题

1. ×；2. ×；3. ×；4. √；5. √；6. ×；7. ×；8. √；9. √；10. √；
11. ×；12. ×；13. √；14. ×；15. ×；16. ×；17. ×；18. √；19. √；
20. ×；21. √

四、实训练习

1.（1）编制会计分录：

①借：其他应收款——张明 1 000
　　贷：库存现金 1 000

②借：原材料 5 000
　　贷：应付账款 5 000

③借：库存现金 60
　　管理费用 940
　　贷：其他应收款——张明 1 000

④借：固定资产 80 000
　　贷：银行存款 80 000

⑤借：银行存款 20 000
　　贷：短期借款 20 000

⑥借：银行存款 30 000

贷：实收资本　　　　　　　　　　　　　　　　　300 000

（2）编制发生额试算平衡表。

发生额试算平衡表

2015 年 6 月 30 日　　　　　　　　　　　　　单位：元

账户名称	本期发生额	
	借方	贷方
库存现金	60	1 000
银行存款	500 000	80 000
原材料	5 000	
其他应收款	1 000	1 000
固定资产	80 000	
短期借款		200 000
应付账款		5 000
管理费用	940	
实收资本		300 000
合计	587 000	587 000

2.（1）期初会计等式：

资产：库存现金 176 元 + 银行存款 8 800 元 + 应收甲商店款 2 000 元 + 库存物品 4 500 元 + 办公用品 624 元 + 家具用具共计 4 800 元 = 20 900（元）

负债：短期借款 5 000 元 + 应付乙单位货款 900 元 = 5 900（元）

所有者权益：A 公司投资 15 000 元

资产 20 900 元 = 负债 5 900 元 + 所有者权益 15 000 元

（2）经济业务对会计等式影响：

业务	资产（20 900）	负债（5 900）	所有者权益（15 000）
（1）		− 5 000	+ 5 000
（2）	+ 8 500		+ 8 500
（3）	− 900	− 900	
（4）	+ 1 000	+ 1 000	

业务	资产（20 900）	负债（5 900）	所有者权益（15 000）
（5）	+（-）140		
（6）	+（-）1 500		
余额	29 500	1 000	28 500

3. 计算过程如下：

（1）期末资产总额 = 1 080 000 + 20 000 + 180 000 + 20 000 - 500 000 - 50 000 = 750 000（元）。

（2）期末负债总额 = 780 000 + 180 000 + 20 000 - 500 000 - 50 000 = 430 000（元）。

（3）期末所有者权益金额 = 300 000 + 20 000 = 320 000（元）。

第四章 企业主要经济业务核算

一、单项选择题

1. 利润分配结束后，"利润分配"总分类科目所属的明细分类科目中只有（　　）有余额。

   A. 提取盈余公积　　　　　　　　B. 其他转入

   C. 应付利润　　　　　　　　　　D. 未分配利润

2. 下列属于"营业外支出"科目核算内容的是（　　）。

   A. 行政管理人员的工资　　　　　B. 各种销售费用

   C. 借款的利息　　　　　　　　　D. 非常损失

3. 下列项目中，影响营业利润的因素是（　　）。

   A. 营业外收入　　　　　　　　　B. 所得税费用

   C. 管理费用　　　　　　　　　　D. 营业外支出

4. 某一般纳税企业购入不需要安装设备一台，取得的增值税专用发票注明：买价40 000元，增值税6 800元，另支付运杂费1 200元，保险费600元（假设不考虑相关增值税）。则该设备的入账价值为（　　）元。

   A. 41 800　　　　B. 48 600　　　　C. 48 000　　　　D. 41 200

5. 某一般纳税企业购入材料一批，取得的增值税专用发票注明：买价150 000元，增值税25 500元，另支付运杂费1 000元（假设不考虑相关增值税），则该材料收到时的入账价值为（　　）元。

   A. 150 944　　　　B. 151 000　　　　C. 150 744　　　　D. 176 500

6. 某企业购买材料一批，买价3 000元，增值税进项税额为510元，运杂费200元，开出商业汇票支付，但材料尚未收到，应贷记（　　）科目。

A. 原材料   B. 材料采购

C. 银行存款   D. 应付票据

7. 当企业不设置"预付账款"科目时，预付货款可通过（   ）核算。

     A. 应收账款的借方   B. 应收账款的贷方

     C. 应付账款的借方   D. 应付账款的贷方

8. 购入材料的购货费用一般应计入（   ）。

     A. 材料采购成本   B. 产品成本

     C. 制造费用   D. 期间费用

9. 某企业生产车间主任出差归来，报销会议费等差旅费 1 560 元，应借记
（   ）科目。

     A. 管理费用   B. 制造费用

     C. 财务费用   D. 销售费用

10. 某企业为生产车间机器设备计提折旧 5 800 元，应借记（   ）科目。

     A. 制造费用   B. 生产成本

     C. 管理费用   D. 库存商品

11. （   ）是企业经营活动循环的出发点。

     A. 产品的销售   B. 产品的生产

     C. 材料的采购   D. 资本的取得

12. 某企业 7 月份一车间生产 A、B 两种产品，当月一车间发生制造费用
24 000 元，要求按照生产工人的工资比例分配制造费用。本月 A 产品生产工人
工资为 80 000 元，B 产品生产工人工资为 40 000 元。则 B 产品应负担的制造费
用为（   ）元。

     A. 16 000   B. 8 000   C. 12 000   D. 24 000

13. 某企业以银行存款支付产品展览费 5 000 元，应借记（   ）科目。

     A. 管理费用   B. 销售费用

     C. 财务费用   D. 制造费用

14. 为了反映企业固定资产的（   ）应设置"固定资产"账户。

     A. 磨损价值   B. 累计折旧   C. 原始价值   D. 净值

15. 当企业不设置"预收账款"科目时，预收货款应通过（   ）核算。

     A. 应收账款的借方   B. 应收账款的贷方

     C. 应付账款的借方   D. 应付账款的贷方

16. 某企业月末计提短期借款利息 600 元，应借记（　　）科目。

　　A. 管理费用　　　　　　　　　　B. 销售费用

　　C. 财务费用　　　　　　　　　　D. 制造费用

17. 下列不应作为"其他业务收入"核算的是（　　）。

　　A. 产品销售收入　　　　　　　　B. 材料销售收入

　　C. 出租无形资产收入　　　　　　D. 出租固定资产收入

18. 某企业以银行存款支付合同违约金 4 500 元，应借记（　　）科目。

　　A. 管理费用　　　　　　　　　　B. 销售费用

　　C. 其他业务成本　　　　　　　　D. 营业外支出

19. 某企业收到捐赠款 12 000 元，收存银行，应贷记（　　）科目。

　　A. 主营业务收入　　　　　　　　B. 其他业务收入

　　C. 营业外收入　　　　　　　　　D. 营业外支出

20. 所有损益类科目期末都应结转至（　　）科目，结转后损益类科目无余额。

　　A. 利润分配——未分配利润　　　B. 本年利润

　　C. 实收资本　　　　　　　　　　D. 资本公积

21. 生产过程中的各项耗费是依据（　　）原则进行计量的。

　　A. 历史成本　　B. 现行成本　　C. 可变现成本　　D. 现值

22. 某企业支付罚款 1 000 元，应借记（　　）科目。

　　A. 营业外收入　　　　　　　　　B. 营业外支出

　　C. 管理费用　　　　　　　　　　D. 销售费用

23. 厂部李某出差，预借差旅费 6 000 元，应借记（　　）科目。

　　A. 管理费用　　　　　　　　　　B. 销售费用

　　C. 其他应付款　　　　　　　　　D. 其他应收款

24. 企业为生产产品和提供劳务而发生的间接费用应先在"制造费用"科目归集，期末再按一定的标准和方法分配记入（　　）科目。

　　A. 管理费用　　　　　　　　　　B. 生产成本

　　C. 本年利润　　　　　　　　　　D. 库存商品

25. 下列票据中，应通过"应收票据"科目核算的是（　　）。

　　A. 现金支票　　　　　　　　　　B. 银行汇票

　　C. 商业汇票　　　　　　　　　　D. 银行本票

26. 下列关于"本年利润"科目的表述中不正确的是（　　）。

    A. 贷方登记转入的营业收入、营业外收入等金额

    B. 借方登记转入的营业成本、营业外支出等金额

    C. 年度终了结账后，该科目无余额

    D. 全年的任何一个月末都不应有余额

27. 某企业 2016 年 9 月 30 日，"本年利润"科目的贷方余额为 20 万元，表明（　　）。

    A. 该企业 2016 年 1～9 月份的净利润为 20 万元

    B. 该企业 2016 年 9 月份的净利润为 20 万元

    C. 该企业 2016 年全年的净利润为 20 万元

    D. 该企业 2016 年 12 月份的净利润为 20 万元

28. 现行《企业会计准则》规定，我国企业只能采用（　　）核算坏账损失。

    A. 直接转销法　　　　　　　　　　B. 备抵法

    C. 应收账款百分比法　　　　　　　D. 账龄分析法

29. 需要按期估计坏账损失的坏账核算方法是（　　）。

    A. 直接转销法　　　B. 备抵法　　　C. 总价法　　　　　　D. 净价法

30. 无法支付的应付账款应转入（　　）科目。

    A. 营业外收入　　　　　　　　　　B. 其他业务收入

    C. 其他应付款　　　　　　　　　　D. 资本公积

31. 投资者投入的超过注册资本或股本的金额应计入（　　）。

    A. 营业外收入　　　　　　　　　　B. 实收资本

    C. 盈余公积　　　　　　　　　　　D. 资本公积

32. 企业为筹集生产经营所需资金而发生的费用，应记入（　　）科目。

    A. 管理费用　　　　　　　　　　　B. 制造费用

    C. 财务费用　　　　　　　　　　　D. 销售费用

33. 下列应确认为主营业务成本的有（　　）。

    A. 商品销售成本　　　　　　　　　B. 材料销售成本

    C. 专项工程成本　　　　　　　　　D. 无形资产销售成本

34. 购入需安装的固定资产，其价值应先记入（　　）科目，待安装完毕后再转入"固定资产"科目。

    A. 材料采购　　　　　　　　　　　B. 在途物资

C. 周转材料　　　　　　　　　　　　D. 在建工程

35. 固定资产处置后发生的净收益或净损失，应（　　　）。

　　A. 计入当期损益

　　B. 减少固定资产账面成本

　　C. 追加固定资产账面成本

　　D. 视具体情况追加或减少固定资产成本

36. 固定资产转入清理时的账面余额应通过（　　）科目核算。

　　A. 营业外支出　　　　　　　　　　B. 营业外收入

　　C. 固定资产　　　　　　　　　　　D. 固定资产清理

37. 下列应列入"其他业务收入"核算的有（　　　）。

　　A. 商品销售收入　　　　　　　　　B. 材料销售收入

　　C. 固定资产出售收入　　　　　　　D. 无形资产出售收入

38. 费用与成本的联系可以用一句话概括，即（　　　）。

　　A. 费用是对象化的成本　　　　　　B. 费用就是成本

　　C. 成本就是费用　　　　　　　　　D. 成本是对象化的费用

39. 生产工人的工资应列入"生产成本"的（　　　）项目。

　　A. 管理费用　　　　　　　　　　　B. 直接材料

　　C. 直接人工　　　　　　　　　　　D. 制造费用

40. 下列不属于利润分配内容的是（　　　）。

　　A. 计提法定盈余公积　　　　　　　B. 计提任意盈余公积

　　C. 分配投资者利润　　　　　　　　D. 计提职工住房公积金

41. 销售产品发生的消费税应记入（　　　）科目的借方。

　　A. 应交税费　　　　　　　　　　　B. 营业税金及附加

　　C. 本年利润　　　　　　　　　　　D. 利润分配

42. 一般纳税人购进货物取得的增值税专用发票注明的增值税额应记入"应交税费——应交增值税（进项税额）"科目的（　　　）。

　　A. 借方　　　　　　　　　　　　　B. 贷方

　　C. 不一定　　　　　　　　　　　　D. 有时记有时不记

43. 通常，长期借款在购建的资产达到预定可使用状态后发生的费用，应作为（　　　）列支。

　　A. 在建工程　　　　　　　　　　　B. 固定资产

C. 营业外支出   D. 财务费用

44. 下列期末应转入"本年利润"科目借方的是（　　）。

    A. 应交税费——应交营业税   B. 应交税费——应交增值税

    C. 应交税费——应交消费税   D. 所得税费用

45. 计提车间管理人员的工资应记入（　　）的贷方。

    A. 管理费用   B. 制造费用

    C. 应付职工薪酬   D. 生产成本

46. 计提生产产品的机器设备的折旧应作为（　　）列支。

    A. 管理费用   B. 制造费用

    C. 生产成本   D. 销售费用

47. 出售交易性金融资产时，其账面余额与实际收到价款的差额，应确认为（　　）。

    A. 本年利润   B. 投资收益

    C. 财务费用   D. 资本公积

48. 下列属于直接计入所有者权益的利得和损失的项目是（　　）。

    A. 交易性金融资产期末公允价值发生变动

    B. 可供出售金融资产期末公允价值暂时性变动

    C. 交易性金融负债期末公允价值发生变动

    D. 以公允价值计量的投资性房地产期末公允价值发生变动

49. 结转已销商品的销售成本 50 000 元的会计分录是（　　）。

    A. 借：生产成本   50 000

         贷：库存商品   50 000

    B. 借：库存商品   50 000

         贷：生产成本   50 000

    C. 借：库存商品   50 000

         贷：主营业务收入   50 000

    D. 借：主营业务成本   50 000

         贷：库存商品   50 000

50. 下列应确认为"营业外收入"的是（　　）。

    A. 罚款收入   B. 租金收入

    C. 材料销售收入   D. 商品销售收入

51. 固定资产处置业务必须首先转入（　　）科目核算。

    A. 固定资产   B. 营业外收入

    C. 营业外支出   D. 固定资产清理

52. 下列应确认为"营业外支出"的是（　　）。

    A. 材料销售损失   B. 借款费用

    C. 离退休工资   D. 固定资产处置净损失

53. 下列应计入产品生产成本的是（　　）。

    A. 车间管理人员工资   B. 厂部管理人员工资

    C. 专设销售部门人员工资   D. 专项工程人员工资

54. 年终结账后，"利润分配——未分配利润"科目的余额（　　）。

    A. 在借方

    B. 在贷方

    C. 无余额

    D. 既有可能在贷方又有可能在借方

55. 年末结账时需要转入"本年利润"的是（　　）。

    A. 所有科目   B. 资产类科目

    C. 负债类科目   D. 损益类科目

56. 年终结账后，"利润分配——未分配利润"科目的贷方余额表示（　　）。

    A. 历年累计未弥补亏损   B. 历年累计未分配利润

    C. 当年未弥补亏损   D. 当年未分配利润

57. 下列不应计入材料采购成本的是（　　）。

    A. 运杂费   B. 运输途中的合理损耗

    C. 入库前的挑选整理费用   D. 采购人员工资

二、多项选择题

1. 下列会计科目中，可能成为"本年利润"科目的对应科目的有（　　）。

    A. 管理费用   B. 所得税费用

    C. 利润分配   D. 制造费用

2. 年末结账后，下列会计科目中一定没有余额的有（　　）。

    A. 生产成本   B. 材料采购

C. 本年利润　　　　　　　　　　　D. 主营业务收入

3. 计提固定资产折旧时，下列科目中可能被涉及的有（　　）。

    A. 固定资产　　　　　　　　　　　B. 累计折旧

    C. 制造费用　　　　　　　　　　　D. 管理费用

4. 下列项目中，应记入"营业外支出"科目的有（　　）。

    A. 广告费　　　　　　　　　　　　B. 借款利息

    C. 固定资产盘亏　　　　　　　　　D. 捐赠支出

5. 某企业 2016 年 3 月销售一批化妆品，化妆品的成本为 80 万元，为了销售发生推销费用 0.5 万元，化妆品的销售价款为 100 万元，应收取的增值税销项税额为 17 万元，因为销售该批化妆品应交纳的消费税 30 万元。根据该项经济业务，下列表述中正确的有（　　）。

    A. "主营业务成本"科目应反映借方发生额 80 万元

    B. "主营业务收入"科目应反映贷方发生额 100 万元

    C. "营业税金及附加"科目应反映借方发生额 30 万元

    D. "销售费用"科目应反映借方发生额 0.5 万元

6. A 公司原由甲、乙、丙三人投资，三人各投入 100 万元。两年后丁想加入，经协商，甲、乙、丙、丁四人各拥有 100 万元的资本，但丁必须投入 120 万元的银行存款方可拥有 100 万元的资本。若丁以 120 万元投入 A 公司，并已办妥增资手续。则下列表述的中能组合在一起形成该项经济业务的会计分录的项目有（　　）。

    A. 该笔业务应借记"银行存款"科目 120 万元

    B. 该笔业务应贷记"实收资本"科目 100 万元

    C. 该笔业务应贷记"资本公积"科目 20 万元

    D. 该笔业务应贷记"银行存款"科目 120 万元

7. 下列关于"预付账款"科目的表述中，正确的有（　　）。

    A. 预付及补付的款项登记在该科目的借方

    B. 该科目的借方余额，表示预付给供货单位的款项

    C. 该科目的贷方余额，表示应当补付的款项

    D. 预付款项不多的企业，也可将预付款项记入"应付账款"科目的借方

8. 下列票据中，通过"应付票据"科目核算的有（　　）。

    A. 商业承兑汇票　　　　　　　　　B. 银行承兑汇票

C. 银行汇票　　　　　　　　　　D. 转账支票

9. 下列费用中，应计入产品成本的有（　　）。

A. 直接用于产品生产，构成产品实体的辅助材料

B. 直接从事产品生产的工人工资

C. 直接从事产品生产的工人的非货币性福利

D. 车间管理人员的工资及福利费

10. 甲公司 2016 年 1 月 1 日，借入三个月期的借款 1 000 万元，年利率 6%，3 月 31 日到期时一次还本付息。则按照权责发生制原则，2016 年 3 月 31 日甲公司还本付息时，应编制的会计分录中可能涉及的应借应贷科目及相应金额是（　　）。

A. 借记"短期借款"科目 1 000 万元

B. 借记"财务费用"科目 5 万元

C. 借记"应付利息"科目 10 万元

D. 贷记"银行存款"科目 1 015 万元

11. 以下税费可能记入"营业税金及附加"科目核算的有（　　）。

A. 增值税　　　　　　　　　　B. 消费税

C. 营业税　　　　　　　　　　D. 教育费附加

12. 下列关于"所得税费用"科目的表述中正确的有（　　）。

A. 该科目属于损益类科目

B. 该科目的余额期末结账时应转入"本年利润"科目

C. 该科目属于负债类科目

D. 该科目余额一般在贷方

13. 下列项目中，应记入"营业外收入"科目核算的有（　　）。

A. 固定资产盘盈　　　　　　　B. 处置固定资产净收益

C. 无法偿付的应付款项　　　　D. 出售无形资产净收益

14. 下列票据中，不通过"应付票据"科目核算的有（　　）。

A. 商业承兑汇票　　　　　　　B. 银行汇票

C. 银行承兑汇票　　　　　　　D. 银行本票

15. 在借贷记账法下，当贷记"主营业务收入"时，下列会计科目中可能成为其对应科目的有（　　）。

A. 应收账款　　　　　　　　　B. 银行存款

C. 利润分配   D. 应收票据

16. 某企业 2016 年 3 月 31 日，按照规定计提本期固定资产的折旧 24 000 元，其中生产车间折旧为 19 000 元，行政管理部门折旧为 5 000 元。根据该项经济业务，下列表述中正确的有（　　　）。

     A. "生产成本"科目应反映借方发生额 19 000 元

     B. "制造费用"科目应反映借方发生额 19 000 元

     C. "管理费用"科目应反映借方发生额 5 000 元

     D. "累计折旧"科目应反映贷方发生额 24 000 元

17. 下列项目中，应记入"财务费用"科目的是（　　　）。

     A. 利息收支   B. 银行承兑汇票承兑手续费

     C. 财务会计人员工资   D. 汇兑损益

18. 投资者投入资本能够记入的科目有（　　　）。

     A. 盈余公积   B. 营业外收入

     C. 实收资本   D. 资本公积

19. 企业行政管理人员王华出差回来，报销差旅费 600 元，交回现金 200 元。根据该项经济业务，下列表述中正确的有（　　　）。

     A. "库存现金"科目应反映借方发生额 200 元

     B. "管理费用"科目应反映借方发生额 800 元

     C. "管理费用"科目应反映借方发生额 600 元

     D. "其他应收款"科目应反映贷方发生额 800 元

20. 下列关于"预收账款"科目的表述中，正确的有（　　　）。

     A. 该科目为负债类科目

     B. 该科目为资产类科目

     C. 预收款项不多的企业，也可将预收款项记入"应付账款"科目的借方

     D. 预收款项不多的企业，也可将预收款项记入"应收账款"科目的贷方

21. 年末结转后，"利润分配"科目余额可能表示（　　　）。

     A. 未分配利润   B. 营业利润

     C. 利润总额   D. 未弥补亏损

22. 下列项目可以作为工业企业"主营业务收入"的有（　　　）。

     A. 提供工业性劳务取得的收入   B. 销售产品取得的收入

     C. 销售材料取得的收入   D. 购买国库券取得的利息收入

23. 下列项目中，不属于"营业外收入"科目核算内容的有（　　　）。

    A. 无法支付的应付款项　　　　　　B. 盘盈的固定资产

    C. 接受的捐赠　　　　　　　　　　D. 销售材料的收入

24. 清查库存现金时，发现现金短缺，原因待查，应（　　　）。

    A. 借记"待处理财产损溢——待处理流动资产损溢"科目

    B. 贷记"库存现金"科目

    C. 借记"库存现金"科目

    D. 贷记"待处理财产损溢——待处理流动资产损溢"科目

25. 用银行存款偿还短期借款，应（　　　）。

    A. 借记"银行存款"科目　　　　　　B. 贷记"短期借款"科目

    C. 借记"短期借款"科目　　　　　　D. 贷记"银行存款"科目

26. 某工业企业（一般纳税人）购入材料时，下列项目中应计入材料采购成本的有（　　　）。

    A. 发票上的买价

    B. 入库前的挑选整理费

    C. 增值税专用发票上注明的增值税额

    D. 采购人员的差旅费

27. 下列税金应列作"管理费用"核算的有（　　　）。

    A. 增值税　　　　　　　　　　　　B. 房产税

    C. 印花税　　　　　　　　　　　　D. 土地使用税

28. 下列项目中，属于"管理费用"科目核算内容的有（　　　）。

    A. 存货盘盈　　　　　　　　　　　B. 固定资产盘亏净损失

    C. 广告费　　　　　　　　　　　　D. 业务招待费

29. 下列项目中，不属于"销售费用"科目核算内容的有（　　　）。

    A. 广告费　　　　　　　　　　　　B. 产品展览费

    C. 业务招待费　　　　　　　　　　D. 厂部办公费

30. 关于"固定资产"科目，下列说法中正确的有（　　　）。

    A. 该科目为资产类科目

    B. 该科目借方登记固定资产原始价值的增加额

    C. 该科目贷方登记固定资产计提的折旧

    D. 该科目余额在借方，表示期末企业现有固定资产的净值

31. 关于"生产成本"科目下列说法中正确的有（　　）。

    A. 该科目属于损益类科目

    B. 该科目借方登记应计入产品成本的各项费用

    C. 该科目贷方登记完工入库产品的生产成本

    D. 该科目借方余额，表示尚未完工产品的实际生产成本

32. 工业企业产品的成本项目一般包括（　　）。

    A. 直接材料　　　　　　　　　　B. 直接人工

    C. 管理费用　　　　　　　　　　D. 制造费用

33. 下列项目中，属于"制造费用"核算内容的有（　　）。

    A. 生产车间管理人员的工资　　　B. 生产用固定资产折旧费

    C. 生产车间的办公费　　　　　　D. 生产车间固定资产修理费

34. 关于"应收账款"科目下列说法中正确的有（　　）。

    A. 该科目核算企业因销售商品、提供劳务等经营活动应收取的款项

    B. 因销售商品代购货单位垫付的包装费、运杂费等也应借记"应收账款"

    C. 该科目借方余额，反映企业尚未收回的应收账款

    D. 该科目如为贷方余额，反映企业预收的账款

35. 某公司分配本月份应付职工的工资 20 000 元，其中生产工人工资 18 000 元，车间管理人员工资 2 000 元。这项经济业务涉及的科目有（　　）。

    A. 生产成本　　　　　　　　　　B. 管理费用

    C. 制造费用　　　　　　　　　　D. 应付职工薪酬

36. 下列各项目不属于制造费用核算范围的有（　　）。

    A. 车间用房的折旧费

    B. 厂部办公楼的折旧费

    C. 车间机器设备的维修费

    D. 直接从事产品生产的生产工人工资

37. 下列关于"生产成本"科目的表述中，不正确的有（　　）。

    A. "生产成本"科目期末肯定无余额

    B. "生产成本"科目期末若有余额，肯定在借方

    C. "生产成本"科目期末余额代表已完工产品的成本

    D. "生产成本"科目期末余额代表本期发生的生产费用总额

38. 下列各项中应在"营业外收入"科目核算的有（　　）。

    A. 罚款收入　　　　　　　　　　　　B. 接受捐赠收入

    C. 无法支付的应付账款　　　　　　　D. 固定资产处置净收益

39. 材料采购成本包括（　　）。

    A. 买价　　　　　　　　　　　　　　B. 运杂费

    C. 运输途中合理损耗　　　　　　　　D. 入库前的挑选整理费用

40. 下列项目中属于"其他业务收入"的有（　　）。

    A. 材料销售收入　　　　　　　　　　B. 包装物出租收入

    C. 固定资产处置收入　　　　　　　　D. 无形资产处置收入

41. 企业生产经营期间的长期借款利息费用可能记入的账户有（　　）。

    A. 销售费用　　　　　　　　　　　　B. 管理费用

    C. 财务费用　　　　　　　　　　　　D. 在建工程

42. 计提短期借款利息业务涉及的科目有（　　）。

    A. 短期借款　　　　　　　　　　　　B. 财务费用

    C. 应付利息　　　　　　　　　　　　D. 预提费用

43. 下列会计科目中，属于固定资产处置业务可能涉及的科目有（　　）。

    A. 固定资产　　　　　　　　　　　　B. 累计折旧

    C. 固定资产清理　　　　　　　　　　D. 应交税费

44. 下列（　　）应计入"营业外支出"核算。

    A. 罚款支出　　　　　　　　　　　　B. 捐赠支出

    C. 无形资产处置净损失　　　　　　　D. 固定资产处置净损失

45. 下列各项中，期末应转入"本年利润"科目的有（　　）。

    A. 管理费用　　　　　　　　　　　　B. 财务费用

    C. 销售费用　　　　　　　　　　　　D. 制造费用

46. 期间费用包括（　　）。

    A. 管理费用　　　　　　　　　　　　B. 财务费用

    C. 销售费用　　　　　　　　　　　　D. 制造费用

47. 年终结账后，下列账户中余额为0的账户有（　　）。

    A. 管理费用　　　　　　　　　　　　B. 财务费用

    C. 销售费用　　　　　　　　　　　　D. 本年利润

48. 下列应记入"应付职工薪酬"科目核算的有（　　　）。

A. 生产工人工资　　　　　　　　B. 销售人员工资

C. 离退休人员工资　　　　　　　D. 专项工程人员工资

49. 年末结账后，下列各项中"利润分配"余额为 0 的明细科目有
（　　　）。

A. 提取法定盈余公积　　　　　　B. 提取任意盈余公积

C. 应付股利　　　　　　　　　　D. 未分配利润

三、判断题

1. 工资分配时，生产工人工资应借记"生产成本"科目，车间管理人员工资应借记"制造费用"科目。　　　　　　　　　　　　　　　　（　　）

2. 计提短期借款的利息，应贷记"预付账款"科目。　　　　（　　）

3. "本年利润"科目余额如果在借方，则表示自年初至本期末累计发生的亏损。　　　　　　　　　　　　　　　　　　　　　　　　　　　（　　）

4. "长期借款"科目期末余额，表示企业尚未偿还的长期借款的本息。
（　　）

5. 职工预借差旅费应借记"管理费用"科目。　　　　　　　（　　）

6. 企业长期借款利息和短期借款利息都应记入"财务费用"科目。（　　）

7. 购入交易性金融资产发生的交易费用应记入"财务费用"科目核算。
（　　）

8. 发生坏账损失时，编制的会计分录应借记"坏账准备"科目，贷记"应收账款"科目。　　　　　　　　　　　　　　　　　　　　　　　　（　　）

9. 从银行提取的备用金应记入"其他应收款"科目的借方。　（　　）

10. "本年利润"科目和"利润分配"科目年终结账后，余额都为0。
（　　）

11. 根据产品完工入库业务编制的会计分录为：借记"库存商品"科目，贷记"原材料"科目。　　　　　　　　　　　　　　　　　　　　　（　　）

12. 购入固定资产业务的会计分录一律应借记"固定资产"科目。（　　）

13. 计提生产产品的机器设备的折旧应借记"生产成本"科目。（　　）

14. 固定资产处置净损益最终形成营业外收支。　　　　　　（　　）

15. 在预付账款业务中，预付货款和补付货款编制的会计分录借、贷方科目相同。　　　　　　　　　　　　　　　　　　　　　　　　（　　）

16. 超出企业法定资本额的投入资本应作为资本公积处理。　　（　　）

17. 通常，制造费用应于期末分配转入各种产品的生产成本。　（　　）

18. 常用的存货发出计价方法包括月末一次加权平均法、先进先出法、后进先出法和个别计价法。　　　　　　　　　　　　　　　　　　　　（　　）

19. 月末一次加权平均法平时逐笔登记入库存货的数量、单价和金额，发出存货只登记数量，不登记单价和金额。　　　　　　　　　　　　　　（　　）

20. 存货发出计价方法中，个别计价法下发出的存货实物与价值最为一致，因而成本计算最为准确和符合实际情况，但其实物保管和成本分辨工作量大。

　　　　　　　　　　　　　　　　　　　　　　　　　　　　（　　）

四、实训练习

1. 某企业 2016 年 11 月份发生如下经济业务：

（1）从银行取得短期借款 300 000 元存入银行；

（2）从银行提取现金 80 000 元；

（3）用现金 72 000 元发放工资；

（4）以银行存款支付行政部门办公费 2 000 元；

（5）以转账支票支付前欠 A 公司材料采购款 32 000 元；

（6）以银行存款 1 000 元支付广告费；

（7）计算分配公司本月职工工资，其中生产工人工资 60 000 元，车间管理人员工资 5 000 元，厂部管理人员工资 7 000 元；

（8）甲产品 1 000 件完工入库，单位成本 50 元，结转完工产品成本；

（9）以银行存款交纳应交税金 2 300 元。

要求：

（1）根据上述资料编制会计分录。

（2）编制科目发生额试算平衡表。

科目发生额试算平衡表

会计科目	本期发生额	
	借方	贷方
库存现金		
银行存款		
库存商品		
应付账款		
应付职工薪酬		
应交税费		
短期借款		
生产成本		
管理费用		
销售费用		
制造费用		
合计		

2. 某企业为增值税一般纳税人，2016年3月发生如下材料采购业务（假定发生的运杂费不考虑增值税扣除问题）：

（1）2日，购入甲材料5 000千克，单价1元，增值税税率为17%，材料未到，货款已开出转账支票支付。

（2）3日，上述甲材料已运到并验收入库，按实际成本入账。

（3）5日，购入乙材料3 000千克，单价1.2元，增值税税率17%，对方代垫运杂费200元，货款及运杂费通过银行支付，材料验收入库。

（4）8日，向W企业购入甲材料5 500千克，单价1元；购入乙材料4 500千克，单价1.2元，增值税税率17%，货款未付，材料未到。

（5）12日，8日购入的甲、乙材料运到并验收入库，按实际成本入账。

（6）13日，以银行存款支付8日购进甲、乙材料所欠的款项。

（7）15日，购入乙材料8 000千克，单价1.2元；丙材料5 000千克，单价2元，增值税税率17%，对方代垫运杂费390元，款已付，材料未到。（运杂费按材料的重量比例分配）

（8）18日，用银行存款预付供货单位A企业购材料款5 000元。

（9）28 日，向上述 A 企业购入甲材料 5 000 千克，单价 1 元，增值税税率 17%，对方代垫运杂费 150 元，上述款项扣除 18 日预付款 5 000 元后，其余款项当即以银行存款支付，材料已验收入库。

（10）28 日，收到 15 日购入的乙材料 8 000 千克，丙材料 5 000 千克，并已验收入库。

要求：根据以上经济业务编制会计分录，并标明必要的明细科目。

3. 某企业 2016 年 10 月在生产过程中发生如下经济业务：

（1）1 日，以银行存款支付办公费 500 元，其中，第一车间 180 元，行政管理部门 320 元。

（2）2 日，生产 A、B 产品领用材料如下（单位：元）：

产品	甲材料	乙材料	合计
A	8 000	4 500	12 500
B	5 400	3 000	8 400
合计	13 400	7 500	20 900

（3）3 日，第一车间领用丙材料 1 200 元作一般耗用，行政管理部门办公领用丙材料 300 元。

（4）5 日，采购员王某预借差旅费 500 元，以现金付讫。

（5）8 日，发生坏账损失 2 000 元。

（6）8 日，通过银行代发 10 800 元工资。

（7）15 日，采购员王某出差归来报销差旅费 485 元，余款退回现金。

（8）31 日，以银行存款 3 300 元支付本月水电费，其中，第一车间耗用 2 500 元，行政管理部门耗用 800 元。

（9）31 日，结转本月职工工资，其用途如下（单位：元）：

生产 A 产品工人工资	5 500
生产 B 产品工人工资	4 500
第一车间管理人员工资	1 200
行政管理人员工资	800
合计	12 000

（10）31 日，汇总本月第一车间的制造费用，并按 A、B 产品的生产工人工资在 A、B 产品间分配。

（11）本月第一车间投产的 A 产品本月全部完工入库，投产的 B 产品本月60% 完工入库。

要求：根据以上经济业务编制会计分录，并标明必要的明细科目。

4. 南方公司为增值税一般纳税企业，2016 年 11 月份发生下列经济业务（假定发生的运杂费不考虑增值税扣除问题）：

（1）2 日，销售给中原公司 A 产品 200 件，单位不含增值税售价 400 元；B 产品 150 件，单位不含增值税售价 450 元。增值税销项税额共计 25 075 元。款项已收到，存入银行。

（2）5 日，根据销货合同预收大发公司购货定金 60 000 元，存入银行。

（3）7 日，以现金支付销售产品的运杂费 500 元。

（4）9 日，向大发公司发出 A 产品 300 件，单位不含增值税售价为 400 元。增值税专用发票上注明的货款为 120 000 元，增值税销项税额为 20 400 元。扣除定金后，向购货方收取余款，已存入银行。

（5）12 日，出售一批不需用的原材料 10 000 元，增值税税率 17%，款项尚未收到。

（6）13 日，结转已售原材料的成本 6 500 元。

（7）14 日，车间业务员王某出差，预借差旅费 5 000 元，开出现金支票支付。

（8）15 日，以银行存款支付办公用品费 500 元。

（9）16 日，计提本月银行短期借款利息 2 000 元。

（10）20 日，用银行存款 5 000 元支付税收滞纳金罚款支出。

（11）21 日，车间业务员王某出差归来，报销差旅费 4 500 元，交回现金500 元。

（12）25 日，结转本月销售 A、B 产品销售成本。A 产品单位成本为 285 元，B 产品单位成本为 270 元。

（13）30 日，计算应交城市维护建设税 2 500 元。

（14）30 日，企业收到违约金 239 元作为营业外收入。

（15）30 日，将有关损益类科目发生额结转到"本年利润"科目。

（16）30 日，按利润总额的 25% 计算并结转本月应交所得税（不考虑纳税调整问题)。

要求:

(1) 根据上述经济业务编制相关会计分录;

(2) 根据资料,分别计算下列有关项目的金额。(要求列出计算过程)

营业利润 =

利润总额 =

所得税费用 =

净利润 =

5. 中天公司为增值税一般纳税企业,2016 年 7 月发生下列经济业务(假定发生的运杂费不考虑增值税扣除问题):

(1) 2 日,向东风公司同时购进甲、乙两种材料。甲材料 3 000 千克,单价 25 元,计价款 75 000 元,增值税为 12 750 元;乙材料 2 000 千克,单价 40 元,计价款 80 000 元,增值税为 13 600 元。发生运杂费 1 500 元,所有款项均以银行存款支付。(运杂费按材料的重量比例分配)

(2) 3 日,上述购进甲、乙两种材料全部已验收入库。

(3) 6 日,以现金购买厂部用办公用品 500 元。

(4) 7 日,从证券市场购入 D 公司普通股股票 1 000 股,每股买入价 13 元,共计 13 000 元,其中含有交易费用 400 元。公司将该股票作为交易性金融资产。

(5) 10 日,仓库发出材料一批,用途及金额如下(单位:元):

	甲材料	乙材料	合计
生产 A 产品耗用	35 000		35 000
生产 B 产品耗用	20 000		20 000
车间一般耗用		2 000	2 000
厂部管理部门一般耗用		1 000	1 000
合计	55 000	3 000	58 000

(6) 12 日,向银行借入半年期借款 300 000 元,年利率 6%,利息按月计提,按季结算,款项存入银行。

(7) 15 日,销售 A 产品 400 件,每件价格 200 元,价款共 80 000 元,增值税 13 600 元,收到一张 3 个月期的商业承兑汇票。

（8）16 日，厂部管理人员王群预借差旅费 800 元，以现金支付。

（9）22 日，王群报销差旅费 1 000 元，不足款项以现金补付。

（10）28 日，将 7 日购入的 D 公司股票全部出售，售价为每股 11 元，扣除交易费用后，实际收到款项 10 700 元。

（11）30 日，出售一台不需要用的设备，原价 56 000 元，已提折旧 32 000 元。开具的增值税专用发票注明：售价 25 000 元，增值税额为 4 250 元，款项已收存银行。以存款支付清理费用 1 400 元，设备已清理完毕。

（12）31 日结转本月份职工工资：

生产 A 产品工人工资	200 000 元
生产 B 产品工人工资	150 000 元
车间管理人员工资	50 000 元
厂部管理人员工资	30 000 元
合计	430 000 元

（13）31 日，计提本月份固定资产折旧 30 000 元，其中车间用固定资产 25 000 元，厂部管理部门用固定资产 5 000 元。

（14）31 日，将本月发生的制造费用结转生产成本，并按照生产工人工资比例在 A、B 两种产品之间分配。

（15）31 日，本月 A 产品全部完工，B 产品全部没有完工，结转完工 A 产品 2 000 件的成本。

（16）31 日，结转本月已售 A 产品的销售成本。

（17）31 日，计提本月短期借款的利息费用。

（18）31 日，以银行存款支付产品广告费 12 000 元。

（19）31 日，计提本月坏账准备 1 500 元。

（20）31 日，以银行存款购入不需要安装的生产设备一台，取得的增值税专用发票注明：买价 34 000 元，增值税 5 780 元，运杂费 1 200 元，设备已交付使用。

要求：编制上述经济业务的会计分录。

6. A 公司为增值税一般纳税人，销售单价均为不含增值税价格，适用增值税税率为 17%，2016 年 7 月发生下列经济业务：

（1）3 日，销售 A 产品 300 件，销售单价 200 元，款项已收存银行。

（2）8 日，销售 B 产品 600 件，销售单价 500 元，款项尚未收到。

（3）10 日，以银行存款支付业务招待费 3 900 元。

（4）15 日，用转账支票向希望工程捐款 20 000 元。

（5）31 日，一次结转本月已销产品的成本，A 产品单位成本 120 元，B 产品单位成本 450 元。

（6）31 日，计提本月短期借款利息 1 500 元。

（7）31 日，收到罚款收入 30 000 元，存入银行。

（8）31 日，计算本月应交城市维护建设税为 2 800 元。

（9）31 日，将收入、费用类科目余额转入"本年利润"科目。

（10）31 日，按本月利润总额的 25% 计算应交所得税，并将所得税费用转入"本年利润"科目（假定无纳税调整项目）。

要求：

（1）根据上述业务编制会计分录；

（2）根据上述资料分别计算该公司本月的营业利润、利润总额和净利润。

7. 光明工厂 2016 年 4 月发生下列经济业务：

（1）某工厂购入甲材料 1 000 千克，每千克 5 元，计 5 000 元。增值税额 850 元，乙材料 2 000 千克，每千克 4 元，计 8 000 元，增值税额 1 360 元。货款及税金开出 3 个月期的商业汇票支付，材料已验收入库，结转材料采购成本。

（2）仓库发出材料，用于产品生产，资料如下：

A 产品领用	甲材料 2 000 千克，计 10 000 元
	乙材料 3 000 千克，计 12 000 元
B 产品领用	甲材料 500 千克，计 2 500 元
	乙材料 1 000 千克，计 4 000 元

（3）以银行存款支付办公用品费 600 元。

（4）某职工出差预借差旅费 500 元，现金付讫。

（5）按月初固定资产原值计提本月份固定资产折旧 4 400 元，其中生产车间负担 3 000 元，企业管理部门负担 1 400 元。

（6）分配结转本月职工工资 100 000 元，其中：

A 产品生产工人工资	50 000 元
B 产品生产工人工资	30 000 元
车间管理人员工资	5 000 元
厂部管理人员工资	15 000 元

（7）分配结转本月制造费用 8 000 元（按生产工人工资比例分配）。

（8）收回某单位前欠货款 500 000 元，存入银行。

（9）结转本月完工入库产品成本，A 产品 20 000 元，B 产品 10 000 元。

（10）本月销售 A 产品 10 000 千克，每千克 10 元，增值税额 17 000 元；B 产品 5 000 千克，每千克 40 元，增值税额 34 000 元，货款及税款已收存银行。

（11）本月销售 A 产品生产成本为 75 000 元，B 产品生产成本为 180 000 元，结转本月产品销售成本。

（12）以银行存款支付广告费 5 000 元。

（13）结转本月收入类和费用类科目的发生额。

（14）按本月实现利润总额的 25% 计算并结转本期所得税（假定无纳税调整事项）。

（15）分别按税后利润的 10%、40% 提取盈余公积、向投资者分配利润。

（16）从银行取得 3 年期长期借款 2 000 000 元，存入银行。

（17）接受投资者张三投入专利权一项，双方协议价 500 000 元，张三获得企业 5% 的股权，当日企业股东权益总额为 8 000 000 元。

要求：根据上述资料编制会计分录（要求列示计算过程及必要的明细科目）。

8. 某企业 3 月初甲材料结存 500 千克，单价为 22 元。本月 5 日购入 800 千克，单价为 21 元；12 日领用 1 000 千克；18 日购入 1 200 千克，单价为 20 元；24 日领用 900 千克。请分别采用先进先出法、月末一次加权平均法和移动加权平均法计算本月发出和结存甲材料的实际成本。

参考答案

一、单项选择题

1. D；2. D；3. C；4. A；5. B；6. D；7. C；8. A；9. B；10. A；11. D；

12. B；13. B；14. C；15. B；16. C；17. A；18. D；19. C；20. B；21. A；

22. B；23. D；24. B；25. C；26. D；27. A；28. B；29. B；30. A；31. D；

32. C；33. A；34. D；35. A；36. D；37. B；38. D；39. C；40. D；41. B；

42. A；43. D；44. D；45. C；46. B；47. B；48. B；49. D；50. A；51. D；

52. D；53. A；54. D；55. D；56. B；57. D

二、多项选择题

1. ABC；2. CD；3. BCD；4. CD；5. ABCD；6. ABC；7. ABCD；8. AB；

9. ABCD；10. ABCD；11. BCD；12. AB；13. BCD；14. BD；15. ABD；16. BCD；

17. ABD；18. CD；19. ACD；20. AD；21. AD；22. AB；23. BD；24. AB；

25. CD；26. ABD；27. BCD；28. AD；29. CD；30. AB；31. BCD；32. ABD；

33. ABC；34. ABCD；35. ACD；36. BCD；37. ACD；38. ABCD；39. ABCD；

40. AB；41. CD；42. BC；43. ABCD；44. ABCD；45. ABC；46. ABC；

47. ABCD；48. ABD；49. ABC

三、判断题

1. √；2. ×；3. √；4. √；5. ×；6. × 7. ×；8. √；9. √；10. ×；

11. ×；12. ×；13. ×；14. √；15. √；16. √；17. √；18. × 19. √；20. √

四、实训练习

1. （1）借：银行存款　　　　　　　　　　　　300 000

　　　　贷：短期借款　　　　　　　　　　　　　　300 000

（2）借：库存现金　　　　　　　　　　　　80 000

　　　　贷：银行存款　　　　　　　　　　　　　　80 000

（3）借：应付职工薪酬　　　　　　　　　　72 000

　　　　贷：库存现金　　　　　　　　　　　　　　72 000

（4）借：管理费用　　　　　　　　　　　　2 000

　　　　贷：银行存款　　　　　　　　　　　　　　2 000

（5）借：应付账款　　　　　　　　　　　　32 000

　　　　贷：银行存款　　　　　　　　　　　　　　32 000

（6）借：销售费用　　　　　　　　　　　　1 000

　　　　贷：银行存款　　　　　　　　　　　　　　1 000

（7）借：生产成本　　　　　　　　　　　　60 000

　　　　　　制造费用　　　　　　　　　　　　5 000

         管理费用   7 000
             贷：应付职工薪酬   72 000
   （8）借：库存商品   50 000
             贷：生产成本   50 000
   （9）借：应交税费   2 300
             贷：银行存款   2 300

<h3 style="text-align:center">科目发生额试算平衡表</h3>

会计科目	本期发生额	
	借方	贷方
库存现金	80 000	72 000
银行存款	300 000	117 300
库存商品	50 000	
应付账款	32 000	
应付职工薪酬	72 000	72 000
应交税费	2 300	
短期借款		300 000
生产成本	60 000	50 000
管理费用	9 000	
销售费用	1 000	
制造费用	5 000	
合计	611 300	611 300

2.（1）借：在途物资——甲材料   5 000
             应交税费——应交增值税（进项税额）   850
             贷：银行存款   5 850
   （2）借：原材料——甲材料   5 000
             贷：在途物资——甲材料   5 000
   （3）借：原材料——乙材料   3 600
             应交税费——应交增值税（进项税额）   612
             贷：银行存款   4 212

（4）借：在途物资——甲材料   5 500

      ——乙材料   5 400

   应交税费——应交增值税（进项税额）   1 853

    贷：应付账款——W 企业   12 753

（5）借：原材料——甲材料   5 500

      ——乙材料   5 400

    贷：在途物资——甲材料   5 500

       ——乙材料   5 400

（6）借：应付账款——W 企业   12 753

    贷：银行存款   12 753

（7）乙材料应分配的运杂费 = 390 × 8 000 ÷（8 000 + 5 000）= 240（元）

丙材料应分配的运杂费 = 390 × 5 000 ÷（8 000 + 5 000）= 150（元）

借：在途物资——乙材料   9 840

    ——丙材料   10 150

 应交税费——应交增值税（进项税额）   3 332

  贷：银行存款   23 322

（8）借：预付账款——A 企业   5 000

    贷：银行存款   5 000

（9）借：原材料——甲材料   5 150

   应交税费——应交增值税（进项税额）   850

    贷：预付账款——A 企业   5 000

     银行存款   1 000

（10）借：原材料——乙材料   9 840

     ——丙材料   10 150

    贷：在途物资——乙材料   9 840

       ——丙材料   10 150

3.（1）借：管理费用   320

    制造费用   180

    贷：银行存款   500

（2）借：生产成本——A 产品   12 500

     ——B 产品   8 400

贷：原材料——甲材料　　　　　　　　　　　　　13 400

　　　　　——乙材料　　　　　　　　　　　　　 7 500

（3）借：制造费用　　　　　　　　　　　　　　　1 200

　　　　　管理费用　　　　　　　　　　　　　　　 300

　　　　　　贷：原材料——丙材料　　　　　　　　1 500

（4）借：其他应收款——王某　　　　　　　　　　　500

　　　　　　贷：库存现金　　　　　　　　　　　　　500

（5）借：坏账准备　　　　　　　　　　　　　　　2 000

　　　　　　贷：应收账款　　　　　　　　　　　　2 000

（6）借：应付职工薪酬——工资　　　　　　　　 10 800

　　　　　　贷：银行存款　　　　　　　　　　　 10 800

（7）借：管理费用　　　　　　　　　　　　　　　　485

　　　　　库存现金　　　　　　　　　　　　　　　　15

　　　　　　贷：其他应收款——王某　　　　　　　　500

（8）借：制造费用　　　　　　　　　　　　　　　2 500

　　　　　管理费用　　　　　　　　　　　　　　　　800

　　　　　　贷：银行存款　　　　　　　　　　　　3 300

（9）借：生产成本——A 产品　　　　　　　　　　5 500

　　　　　　　　　——B 产品　　　　　　　　　　4 500

　　　　　制造费用　　　　　　　　　　　　　　　1 200

　　　　　管理费用　　　　　　　　　　　　　　　　800

　　　　　　贷：应付职工薪酬——工资　　　　　 12 000

（10）本月制造费用合计 $= 180 + 1\,200 + 2\,500 + 1\,200 = 5\,080$（元）

A 产品应分配的制造费用 $= 5\,080 \times 5\,500 \div (5\,500 + 4\,500) = 2\,794$（元）

B 产品应分配的制造费用 $= 5\,080 \times 4\,500 \div (5\,500 + 4\,500) = 2\,286$（元）

借：生产成本——A 产品　　　　　　　　　　　　2 794

　　　　　　——B 产品　　　　　　　　　　　　 2 286

　　贷：制造费用　　　　　　　　　　　　　　　 5 080

（11）完工 A 产品的成本 $= 12\,500 + 5\,500 + 2\,794 = 20\,794$（元）

完工 B 产品的成本 $= (8\,400 + 4\,500 + 2\,286) \times 60\% = 15\,186 \times 60\% = 9\,111.6$（元）

借：库存商品——A 产品　　　　　　　　　　　　　　20 794
　　　　　　——B 产品　　　　　　　　　　　　　　9 111.6
　　贷：生产成本——A 产品　　　　　　　　　　　　20 794
　　　　　　　　　——B 产品　　　　　　　　　　　9 111.6
4.（1）借：银行存款　　　　　　　　　　　　　　　172 575
　　　　　贷：主营业务收入　　　　　　　　　　　　147 500
　　　　　　　应交税费——应交增值税（销项税额）　 25 075
（2）借：银行存款　　　　　　　　　　　　　　　　 60 000
　　　贷：预收账款——大发公司　　　　　　　　　　60 000
（3）借：销售费用　　　　　　　　　　　　　　　　　 500
　　　贷：库存现金　　　　　　　　　　　　　　　　　 500
（4）借：预收账款——大发公司　　　　　　　　　　 60 000
　　　银行存款　　　　　　　　　　　　　　　　　 80 400
　　　贷：主营业务收入　　　　　　　　　　　　　120 000
　　　　　应交税费——应交增值税（销项税额）　　 20 400
（5）借：应收账款　　　　　　　　　　　　　　　　 11 700
　　　贷：其他业务收入　　　　　　　　　　　　　　10 000
　　　　　应交税费——应交增值税（销项税额）　　　 1 700
（6）借：其他业务成本　　　　　　　　　　　　　　　6 500
　　　贷：原材料　　　　　　　　　　　　　　　　　 6 500
（7）借：其他应收款——王某　　　　　　　　　　　　5 000
　　　贷：银行存款　　　　　　　　　　　　　　　　 5 000
（8）借：管理费用　　　　　　　　　　　　　　　　　 500
　　　贷：银行存款　　　　　　　　　　　　　　　　　 500
（9）借：财务费用　　　　　　　　　　　　　　　　　2 000
　　　贷：应付利息　　　　　　　　　　　　　　　　 2 000
（10）借：营业外支出　　　　　　　　　　　　　　　5 000
　　　贷：银行存款　　　　　　　　　　　　　　　　 5 000
（11）借：制造费用　　　　　　　　　　　　　　　　4 500
　　　库存现金　　　　　　　　　　　　　　　　　　 500
　　　贷：其他应收款——王某　　　　　　　　　　　 5 000

（12）借：主营业务成本——A 产品　　　　　　　　　142 500

　　　　　　　　——B 产品　　　　　　　　　　　40 500

　　　贷：库存商品——A 产品　　　　　　　　　　142 500

　　　　　　　　——B 产品　　　　　　　　　　　40 500

（13）借：营业税金及附加　　　　　　　　　　　　　2 500

　　　贷：应交税费——应交城市维护建设税　　　　　2 500

（14）借：库存现金　　　　　　　　　　　　　　　　239

　　　贷：营业外收入　　　　　　　　　　　　　　　239

（15）借：主营业务收入　　　　　　　　　　　　267 500

　　　其他业务收入　　　　　　　　　　　　　　10 000

　　　营业外收入　　　　　　　　　　　　　　　　239

　　　贷：本年利润　　　　　　　　　　　　　277 739

　借：本年利润　　　　　　　　　　　　　　　200 000

　　　贷：主营业务成本　　　　　　　　　　　183 000

　　　营业税金及附加　　　　　　　　　　　　2 500

　　　其他业务成本　　　　　　　　　　　　　6 500

　　　营业外支出　　　　　　　　　　　　　　5 000

　　　管理费用　　　　　　　　　　　　　　　500

　　　财务费用　　　　　　　　　　　　　　2 000

　　　销售费用　　　　　　　　　　　　　　　500

（16）借：所得税费用　　　　　　　　　　　　19 434.75

　　　贷：应交税费——应交所得税　　　　　　19 434.75

　借：本年利润　　　　　　　　　　　　　19 434.75

　　　贷：所得税费用　　　　　　　　　　　19 434.75

营业利润＝（147 500＋120 000－183 000－2 500）＋（10 000－6 500）－500－500－2 000＝82 500（元）

利润总额＝82 500＋239－5 000＝77 739（元）

所得税费用＝77 739×25%＝19 434.75（元）

净利润＝77 739－19 434.75＝58 304.25（元）

5.（1）借：在途物资——甲材料　　　　　　　　　75 900

　　　　　　　　——乙材料　　　　　　　　　80 600

    应交税费——应交增值税（进项税额） 26 350

     贷：银行存款   182 850

（2）借：原材料——甲材料   75 900

     ——乙材料   80 600

    贷：在途物资——甲材料   75 900

      ——乙材料   80 600

（3）借：管理费用   500

    贷：库存现金   500

（4）借：交易性金融资产   12 600

    投资收益   400

    贷：其他货币资金——存出投资款 13 000

（5）借：生产成本——A 产品   35 000

     ——B 产品   20 000

    制造费用   2 000

    管理费用   1 000

    贷：原材料——甲材料   55 000

      ——乙材料   3 000

（6）借：银行存款   300 000

    贷：短期借款   300 000

（7）借：应收票据   93 600

    贷：主营业务收入   80 000

     应交税费——应交增值税（销项税额） 13 600

（8）借：其他应收款——王群   800

    贷：库存现金   800

（9）借：管理费用   1 000

    贷：其他应收款——王群   800

     库存现金   200

（10）借：其他货币资金——存出投资款 10 700

    投资收益   1 900

    贷：交易性金融资产   12 600

（11）借：固定资产清理   24 000

	累计折旧	32 000
	贷：固定资产	56 000
借：银行存款		29 250
	贷：固定资产清理	25 000
	应交税费——应交增值税（销项税额）	4 250
借：固定资产清理		1 400
	贷：银行存款	1 400
借：营业外支出		400
	贷：固定资产清理	400
（12）借：生产成本——A 产品		200 000
	——B 产品	150 000
	制造费用	50 000
	管理费用	30 000
	贷：应付职工薪酬——工资	430 000
（13）借：制造费用		25 000
	管理费用	5 000
	贷：累计折旧	30 000
（14）借：生产成本——A 产品		44 000
	——B 产品	33 000
	贷：制造费用	77 000
（15）借：库存商品——A 产品		279 000
	贷：生产成本——A 产品	279 000
（16）借：主营业务成本		55 800
	贷：库存商品——A 产品	55 800
（17）借：财务费用		1 500
	贷：应付利息	1 500
（18）借：销售费用		12 000
	贷：银行存款	12 000
（19）借：资产减值损失		1 500
	贷：坏账准备	1 500
（20）借：固定资产		35 200

应交税费——应交增值税（进项税额）　　　　5 780

　　贷：银行存款　　　　　　　　　　　　　　　40 980

6. （1）借：银行存款　　　　　　　　　　　　　　70 200

　　　　贷：主营业务收入　　　　　　　　　　　　60 000

　　　　　　应交税费——应交增值税（销项税额）　10 200

（2）借：应收账款　　　　　　　　　　　　　　351 000

　　　　贷：主营业务收入　　　　　　　　　　　300 000

　　　　　　应交税费——应交增值税（销项税额）　51 000

（3）借：管理费用　　　　　　　　　　　　　　　3 900

　　　　贷：银行存款　　　　　　　　　　　　　　3 900

（4）借：营业外支出　　　　　　　　　　　　　20 000

　　　　贷：银行存款　　　　　　　　　　　　　20 000

（5）借：主营业务成本　　　　　　　　　　　　306 000

　　　　贷：库存商品——A产品　　　　　　　　　36 000

　　　　　　　　——B产品　　　　　　　　　270 000

（6）借：财务费用　　　　　　　　　　　　　　　1 500

　　　　贷：应付利息　　　　　　　　　　　　　　1 500

（7）借：银行存款　　　　　　　　　　　　　　30 000

　　　　贷：营业外收入　　　　　　　　　　　　30 000

（8）借：营业税金及附加　　　　　　　　　　　　2 800

　　　　贷：应交税费——应交城市维护建设税　　　2 800

（9）借：主营业务收入　　　　　　　　　　　　360 000

　　　　营业外收入　　　　　　　　　　　　　30 000

　　　　贷：本年利润　　　　　　　　　　　　　390 000

借：本年利润　　　　　　　　　　　　　　　334 200

　　贷：主营业务成本　　　　　　　　　　　　306 000

　　　　营业税金及附加　　　　　　　　　　　　2 800

　　　　管理费用　　　　　　　　　　　　　　　3 900

　　　　财务费用　　　　　　　　　　　　　　　1 500

　　　　营业外支出　　　　　　　　　　　　　20 000

（10）应交所得税 = （390 000 - 334 200）×25% = 13 950（元）

借：所得税费用   13 950

  贷：应交税费——应交所得税   13 950

借：本年利润   13 950

  贷：所得税费用   13 950

营业利润 = 360 000 - 306 000 - 2 800 - 3 900 - 1 500 = 45 800（元）

利润总额 = 45 800 + 30 000 - 20 000 = 55 800（元）

净利润 = 55 800 - 13 950 = 41 850（元）

7.（1）借：原材料——甲材料   5 000

     ——乙材料   8 000

   应交税费——应交增值税（进项税额） 2 210

    贷：应付票据   15 210

（2）借：生产成本——A 产品   22 000

     ——B 产品   6 500

    贷：原材料——甲材料   12 500

       ——乙材料   16 000

（3）借：管理费用   600

    贷：银行存款   600

（4）借：其他应收款——某职工   500

    贷：库存现金   500

（5）借：制造费用   3 000

   管理费用   1 400

    贷：累计折旧   4 400

（6）借：生产成本——A 产品   50 000

     ——B 产品   30 000

   制造费用   5 000

   管理费用   15 000

    贷：应付职工薪酬——工资   100 000

（7）分配率 = 8 000 ÷（50 000 + 30 000）= 0.1

A 产品应分摊的制造费用 = 0.1 × 50 000 = 5 000（元）

B 产品应分摊的制造费用 = 0.1 × 30 000 = 3 000（元）

借：生产成本——A 产品   5 000

——B 产品	3 000
贷：制造费用	8 000

（8）借：银行存款　500 000

　　　贷：应收账款　500 000

（9）借：库存商品——A 产品　20 000

　　　　　　——B 产品　10 000

　　　贷：生产成本——A 产品　20 000

　　　　　　——B 产品　10 000

（10）借：银行存款　351 000

　　　　贷：主营业务收入——A 产品　100 000

　　　　　　　——B 产品　200 000

　　　　应交税费——应交增值税（销项税额）　51 000

（11）借：主营业务成本——A 产品　75 000

　　　　　　——B 产品　180 000

　　　　贷：库存商品——A 产品　75 000

　　　　　　——B 产品　180 000

（12）借：销售费用　5 000

　　　　贷：银行存款　5 000

（13）借：主营业务收入——A 产品　100 000

　　　　　　——B 产品　200 000

　　　　贷：本年利润　300 000

　　借：本年利润　277 000

　　　贷：主营业务成本——A 产品　75 000

　　　　　——B 产品　180 000

　　　销售费用　5 000

　　　管理费用（600＋1 400＋15 000）　17 000

（14）借：所得税费用［（300 000－277 000）×25％］　5 750

　　　　贷：应交税费——应交所得税　5 750

　　借：本年利润　5 750

　　　贷：所得税费用　5 750

（15）借：本年利润　17 250

$$\qquad\qquad 贷：利润分配 \qquad\qquad\qquad\qquad\qquad\qquad 17\ 250$$

借：利润分配——提取盈余公积（17 250×10%） 1 725

$$\qquad\qquad ——应付股利（17\ 250×40\%） \qquad\qquad 6\ 900$$

$$\qquad 贷：盈余公积 \qquad\qquad\qquad\qquad\qquad\qquad\qquad 1\ 725$$

$$\qquad\qquad 应付股利 \qquad\qquad\qquad\qquad\qquad\qquad\qquad 6\ 900$$

（16）借：银行存款 2 000 000

$$\qquad\qquad 贷：长期借款 \qquad\qquad\qquad\qquad\qquad\qquad 2\ 000\ 000$$

（17）借：无形资产 500 000

$$\qquad\qquad 贷：实收资本——张三（800\ 000×5\%） \qquad 400\ 000$$

$$\qquad\qquad\qquad 资本公积——资本溢价 \qquad\qquad\qquad\qquad 100\ 000$$

8. （1）先进先出法：

12 日领用甲材料实际成本 $= 500×22+500×21 = 21\ 500$（元）

24 日领用甲材料实际成本 $= 300×21+600×20 = 18\ 300$（元）

本月领用甲材料实际成本 $= 21\ 500+18\ 300 = 39\ 800$（元）

月末结存甲材料实际成本 $= 600×20 = 12\ 000$（元）

（2）月末一次加权平均法：

加权平均单价 $= (500×22+800×21+1\ 200×20)÷(500+800+1\ 200)$

$$= 20.72（元）$$

本月领用甲材料实际成本 $= (1\ 000+900)×20.72 = 39\ 368$（元）

月末结存甲材料实际成本 $= 600×20.72 = 12\ 432$（元）

（3）移动加权平均法：

5 日加权平均单价 $= (500×22+800×21)÷(500+800) = 21.3846$（元）

12 日领用甲材料实际成本 $= 1\ 000×21.3846 = 21\ 384.6$（元）

18 日加权平均单价 $= [(27\ 800-21\ 384.6)+1\ 200×20]÷(300+1\ 200)$

$$= 20.2769（元）$$

24 日领用甲材料实际成本 $= 900×20.2769 = 18\ 249.21$（元）

本月领用甲材料实际成本 $= 21\ 384.6+18\ 249.21 = 39\ 633.81$（元）

月末结存甲材料实际成本 $= (500×22+800×21+1\ 200×20)-39\ 633.81$

$$= 12\ 166.19（元）$$

第五章 会 计 凭 证

一、单项选择题

1. 下列原始凭证属于外来原始凭证的是（   ）。

    A. 入库单   B. 出库单

    C. 银行收账通知单   D. 领料汇总表

2. "工资结算汇总表"是一种（   ）。

    A. 一次凭证   B. 累计凭证

    C. 汇总凭证   D. 复式凭证

3. 原始凭证是由（   ）取得或填制的。

    A. 总账会计   B. 业务经办单位或人员

    C. 会计主管   D. 出纳人员

4. 销售产品收到商业汇票一张，应该填制（   ）。

    A. 银收字记账凭证   B. 现付字记账凭证

    C. 转账凭证   D. 单式凭证

5. 下列不能作为会计核算的原始凭证的是（   ）。

    A. 发货票   B. 合同书   C. 入库单   D. 领料单

6. 货币资金之间的划转业务只编制（   ）。

    A. 付款凭证   B. 收款凭证

    C. 转账凭证   D. 记账凭证

7. 原始凭证是在（   ）时取得的。

    A. 经济业务发生   B. 填制记账凭证

    C. 登记总账   D. 登记明细账

8. （　　）是会计工作的起点和关键。

    A. 填制和审核会计凭证　　　　　　　　B. 编制会计分录

    C. 登记会计账簿　　　　　　　　　　　D. 编制会计报表

9. 下列不属于原始凭证的是（　　）。

    A. 销货发票　　　　　　　　　　　　　B. 差旅费报销单

    C. 现金收据　　　　　　　　　　　　　D. 银行存款余额调节表

10. 下列属于汇总原始凭证（或原始凭证汇总表）的是（　　）。

    A. 销货发票　　　　　　　　　　　　　B. 领料单

    C. 限额领料单　　　　　　　　　　　　D. 发料凭证汇总表

11. 在实际工作中，规模小、业务简单的单位，为了简化会计核算工作，可以使用一种统一格式的（　　）。

    A. 转账凭证　　　　　　　　　　　　　B. 收款凭证

    C. 付款凭证　　　　　　　　　　　　　D. 通用记账凭证

12. 企业购进材料 70 000 元，款未付，该笔业务应编制的记账凭证是（　　）。

    A. 收款凭证　　　　　　　　　　　　　B. 付款凭证

    C. 转账凭证　　　　　　　　　　　　　D. 以上均可

13. 企业销售产品一批，售价 50 000 元，款未收。该笔业务应编制的记账凭证是（　　）。

    A. 收款凭证　　　　　　　　　　　　　B. 付款凭证

    C. 转账凭证　　　　　　　　　　　　　D. 以上均可

14. 下列经济业务中，应该填制现金收款凭证的是（　　）。

    A. 从银行提取现金

    B. 以现金发放职工工资

    C. 出售报废的固定资产收到现金

    D. 销售积压材料收到一张转账支票

15. 下列经济业务，应该填制银行存款收款凭证的是（　　）。

    A. 销售产品一批，款未收

    B. 转让设备一台，收到转账支票并已送交银行

    C. 购入材料一批，开出支票

    D. 将现金存入银行

16. 记账凭证是由（　　）编制的。

  A. 出纳人员   B. 经办人员

  C. 会计人员   D. 经办单位

17. 付款凭证左上角的"贷方科目"可能登记的科目是（　　）。

  A. 应付账款   B. 银行存款

  C. 预付账款   D. 其他应付款

18. 在使用收款凭证、付款凭证、转账凭证的单位，与货币资金无关的业务，填制的凭证是（　　）。

  A. 收款凭证   B. 付款凭证

  C. 通用记账凭证   D. 转账凭证

19. 在一定时期内连续记录若干同类经济业务的会计凭证是（　　）。

  A. 原始凭证   B. 记账凭证

  C. 累计凭证   D. 一次凭证

20. 会计凭证是（　　）的依据。

  A. 编制会计报表   B. 编制汇总表

  C. 登记账簿   D. 编制会计分录

21. "限额领料单"属于（　　）。

  A. 累计凭证   B. 外来凭证

  C. 汇总凭证   D. 付款凭证

22. 在一笔经济业务中，如果既涉及收款业务，又涉及转账业务，应（　　）。

  A. 编制收款凭证   B. 编制付款凭证

  C. 编制转账凭证   D. 同时编制收款凭证和转账凭证

二、多项选择题

1. 会计凭证按其填制的程序和用途的不同，可分为（　　）。

  A. 原始凭证   B. 记账凭证

  C. 一次凭证   D. 积累凭证

2. 记账凭证按其反映经济业务内容的不同，可分为（　　）。

  A. 一次凭证   B. 付款凭证

  C. 收款凭证   D. 转账凭证

3. "收料单"是（　　　）。

    A. 外来原始凭证   B. 自制原始凭证

    C. 一次凭证   D. 累计凭证

4. "限额领料单"是（　　　）。

    A. 外来原始凭证   B. 自制原始凭证

    C. 一次凭证   D. 累计凭证

5. 原始凭证应具备的基本内容有（　　　）。

    A. 原始凭证的名称和填制日期   B. 接受凭证单位名称

    C. 经济业务的内容   D. 数量、单价和大小写金额

6. 收款凭证中"借方科目"可能涉及的账户有（　　　）。

    A. 库存现金   B. 银行存款

    C. 应付账款   D. 应收账款

7. 记账凭证必须具备的基本内容有（　　　）。

    A. 记账凭证的名称   B. 填制日期和编号

    C. 经济业务的简要说明   D. 会计分录

8. 对记账凭证审核的要求有（　　　）。

    A. 内容是否真实   B. 书写是否正确

    C. 科目是否正确   D. 金额是否正确

9. 下列经济业务中，应填制转账凭证的是（　　　）。

    A. 国家以厂房对企业投资   B. 外商以货币资金对企业投资

    C. 购买材料未付款   D. 销售商品收到商业汇票一张

10. 下列经济业务中，应填制付款凭证的是（　　　）。

    A. 提现金备用   B. 购买材料预付定金

    C. 购买材料未付款   D. 以存款支付前欠某单位账款

11. 原始凭证按其填列的方法不同，可分为（　　　）。

    A. 一次凭证   B. 累计凭证

    C. 原始凭证汇总表（汇总原始凭证）   D. 收款凭证

12. 原始凭证的填制要求包括（　　　）。

    A. 记录真实   B. 内容完整

    C. 填制及时   D. 书写清楚

13. 应在现金收、付款记账凭证上签字的有（　　　）等。

A. 制证人员 　　　　　　　　　　B. 登账人员

C. 审核人员 　　　　　　　　　　D. 会计主管

14. 会计凭证的传递要做到（　　　）。

A. 程序合理 　　　　　　　　　　B. 时间节约

C. 手续严密 　　　　　　　　　　D. 责任明确

15. 对原始凭证审核的内容包括（　　　）。

A. 审核真实性 　　　　　　　　　B. 审核合理性

C. 审核及时性 　　　　　　　　　D. 审核完整性

16. 下列属于外来原始凭证的有（　　　）。

A. 购货发票 　　　　　　　　　　B. 出差人员车船票

C. 银行结算凭证 　　　　　　　　D. 领料单

17. 下列记账凭证中可以不附原始凭证的有（　　　）。

A. 收款凭证 　　　　　　　　　　B. 付款凭证

C. 结账的记账凭证 　　　　　　　D. 更正错账的记账凭证

18. 应当在会计档案销毁清册上签名的有（　　　）。

A. 监销人 　　　　　　　　　　　B. 会计机构负责人

C. 鉴定小组负责人 　　　　　　　D. 单位负责人

19. 下列项目中，属于记账凭证的有（　　　）。

A. 收款凭证 　　　　　　　　　　B. 科目汇总表

C. 汇总原始凭证 　　　　　　　　D. 转账凭证

三、判断题

1. 任何会计凭证都必须经过有关人员的严格审核，确认无误后，才能作为记账的依据。 　　　　　　　　　　　　　　　　　　　　　　　　（　　　）

2. 原始凭证和记账凭证都是具有法律效力的证明文件。 　　　　（　　　）

3. 采用累计原始凭证可以减少凭证的数量和记账的次数。 　　　（　　　）

4. 一张累计凭证可连续记录所发生的经济业务。 　　　　　　　（　　　）

5. 记账凭证的编制依据是审核无误的原始凭证。 　　　　　　　（　　　）

6. 会计凭证的保管期满以后，企业可自行进行处理。 　　　　　（　　　）

7. 原始凭证所要求填列的项目必须逐项填列齐全，不得遗漏和省略年、月、

日，要按照经济业务发生的实际日期填写。 （ ）

8. 原始凭证上面可以不需写明填制日期和接受凭证的单位名称。 （ ）

9. 原始凭证必须按规定的格式和内容逐项填写齐全，同时必须由经办业务的部门和人员签字盖章。 （ ）

10. 有关现金、银行存款收支业务的凭证，如果填写错误，不能在凭证上更改，应加盖作废戳记，重新填写，以免错收错付。 （ ）

11. 原始凭证可以由非财会部门和人员填制，但记账凭证只能由财会部门和人员填制。 （ ）

12. 付款凭证左上角"借方科目"处，应填写"现金"或"银行存款"科目。 （ ）

13. 从银行提取现金，既可以编制现金收款凭证，也可编制银行存款付款凭证。 （ ）

14. 所有的记账凭证都应附有原始凭证。 （ ）

15. 会计部门应于记账之后，定期对各种会计凭证进行分类整理，并将各种记账凭证按编号顺序排列，连同所附的原始凭证一起加具封面，装订成册。 （ ）

16. 将现金存入银行应同时编制银行存款收款凭证和现金付款凭证。 （ ）

17. 收款凭证、付款凭证是出纳人员收款、付款的依据。 （ ）

18. 自制原始凭证的填制，都应由会计人员填写，以保证原始凭证填制的正确性。 （ ）

19. 各种凭证若填写错误，不得随意涂改、刮擦、挖补。 （ ）

20. 会计凭证应定期装订成册，加具封面，归档保管。 （ ）

21. 出纳人员在办理收款或付款业务后，应在凭证上加盖"收讫"或"付讫"的戳记。 （ ）

22. 每年装订成册的会计凭证，在年度终了时可暂由单位会计机构保管一年，期满后应当移交本单位档案机构统一保管。 （ ）

23. 记账凭证填制完经济业务事项后，如有空行，应当自金额栏最后一笔金额数字下的空行处至合计数上的空行处划线注销。 （ ）

24. 记账凭证既是记录经济发生和完成情况的书面说明，也是登记账簿的依据。 （ ）

参考答案

一、单项选择题

1. C；2. C；3. B；4. C；5. B；6. A；7. A；8. A；9. D；10. D；11. D；12. C；13. C；14. C；15. B；16. C；17. B；18. D；19. C；20. C；21. A；22. D

二、多项选择题

1. AB；2. BCD；3. BC；4. BD；5. ABCD；6. AB；7. ABCD；8. ABCD；9. ACD；10. ABD；11. ABC；12. ABCD；13. ABCD；14. ABCD；15. ABCD；16. ABC；17. CD；18. ACD；19. AD

三、判断题

1. √；2. √；3. √；4. ×；5. √；6. ×；7. ×；8. ×；9. √；10. √；11. √；12. ×；13. ×；14. ×；15. √；16. ×；17. ×；18. ×；19. √；20. √；21. √；22. √；23. √；24. ×

第六章 会计账簿

一、单项选择题

1. 下列表述有误的是（　　　）。
   A. 对于不需按月结计本期发生额的账户，月末结账时，需要在最后一笔经济业务事项记录之下通栏划单红线，并结计余额
   B. 库存现金日记账每月结账时，要同时结出本月发生额和余额
   C. 12月末的"本年累计"就是全年累计发生额，全年累计发生额下通栏划双红线
   D. 年终结账时，本年合计数下要划通栏双红线

2. 下列账户的明细账采用三栏式账页的是（　　　）。
   A. 管理费用　　　　　　　　　　B. 销售费用
   C. 库存商品　　　　　　　　　　D. 应收账款

3. 一般情况下，不需要根据记账凭证登记的账簿是（　　　）。
   A. 总分类账　　　B. 明细分类账　　　C. 日记账　　　D. 备查账

4. 从银行提取库存现金，登记库存现金日记账的依据是（　　　）。
   A. 库存现金收款凭证　　　　　　B. 银行存款付款凭证
   C. 银行存款收款凭证　　　　　　D. 备查账

5. 生产成本明细账一般采用（　　　）明细账。
   A. 三栏式　　　　　　　　　　　B. 多栏式
   C. 数量金额式　　　　　　　　　D. 任意格式

6. 原材料等财产物资明细账一般适用（　　　）明细账。
   A. 数量金额式　　　　　　　　　B. 多栏式

C. 三栏式　　　　　　　　　　　　　D. 任意格式

7. 若记账凭证上的会计科目和应借应贷方向未错，但所记金额大于应记金额，并据以登记入账，应采用的更正方法是（　　　）。

A. 划线更正法　　　　　　　　　　　B. 红字更正法

C. 补充登记法　　　　　　　　　　　D. 编制相反分录冲减

8. 会计人员在结账前发现，根据记账凭证登记入账时误将 600 元写成 6 000 元，而记账凭证无误，应采用的更正方法是（　　　）。

A. 补充登记法　　　　　　　　　　　B. 划线更正法

C. 红字更正法　　　　　　　　　　　D. 横线登记法

9. 我国现行采用的现金日记账和银行存款日记账属于（　　　）。

A. 普通日记账　　　　　　　　　　　B. 特种日记账

C. 分录日记账　　　　　　　　　　　D. 转账日记账

10. 新年度开始启用新账时，可以继续使用不必更换新账的是（　　　）。

A. 总分类账　　　　　　　　　　　　B. 银行存款日记账

C. 固定资产卡片　　　　　　　　　　D. 管理费用明细账

11. 在结账前发现账簿记录有文字或数字错误，而记账凭证没有错误，应当采用的更正方法是（　　　）。

A. 划线更正法　　　　　　　　　　　B. 红字更正法

C. 补充登记法　　　　　　　　　　　D. 平行登记法

12. 活页账一般适用于（　　　）。

A. 总分类账　　　　　　　　　　　　B. 现金日记账和银行存款日记账

C. 固定资产明细账　　　　　　　　　D. 明细分类账

13. 订本账主要不适用于（　　　）。

A. 特种日记账　　　　　　　　　　　B. 普通日记账

C. 总分类账　　　　　　　　　　　　D. 明细分类账

14. 固定资产明细账的外表形式可以采用（　　　）。

A. 订本式账簿　　　　　　　　　　　B. 卡片式账簿

C. 活页式账簿　　　　　　　　　　　D. 多栏式明细分类账

15. "实收资本"明细账的账页可以采用（　　　）。

A. 三栏式　　　　B. 活页式　　　　C. 数量金额式　　　　D. 卡片式

16. 现金和银行存款日记账，根据有关凭证（　　　）。

A. 逐日逐笔登记   B. 逐日汇总登记

C. 定期汇总登记   D. 一次汇总登记

17. 多栏式明细账一般适用于（　　）。

A. 收入费用类账户   B. 所有者权益类账户

C. 资产类账户   D. 负债类账户

18. 应收账款明细账的账页格式一般采用（　　）。

A. 三栏式   B. 数量金额式

C. 多栏式   D. 任意一种明细账格式

19. 记账以后，如果发现记账凭证上应借、应贷的会计科目并无错误，只是金额有错误，且所错记的金额小于应记的正确金额，应采用的更正方法是（　　）。

A. 划线更正法   B. 红字更正法

C. 补充登记法   D. 横线登记法

20. 账簿中只设借方和贷方两个金额栏的账簿，在会计上一般称为（　　）。

A. 特种日记账   B. 普通日记账

C. 转账日记账   D. 明细分类账

21. 下列做法错误的是（　　）。

A. 现金日记账采用三栏式账簿

B. 产成品明细账采用数量金额式账簿

C. 生产成本明细账采用三栏式账簿

D. 制造费用明细账采用多栏式账簿

22. 在登记账簿时，如果经济业务发生日期为 2016 年 11 月 12 日，编制记账凭证日期为 11 月 16 日，登记账簿日期为 11 月 17 日，则账簿中的"日期"栏登记的时间为（　　）。

A. 11 月 12 日   B. 11 月 16 日

C. 11 月 17 日   D. 11 月 16 日或 11 月 17 日均可

二、多项选择题

1. 下列属于序时账的有（　　）。

A. 普通日记账   B. 银行存款日记账

  C. 明细分类账   D. 库存现金日记账

2. 下列账簿中，必须采用订本式的有（　　）。

  A. 现金日记账   B. 固定资产明细账

  C. 银行存款日记账   D. 管理费用总账

3. 登记明细分类账的依据可以是（　　）。

  A. 原始凭证   B. 汇总原始凭证

  C. 记账凭证   D. 经济合同

4. 数量金额式明细分类账的账页格式一般适用于（　　）。

  A. 库存商品明细账   B. 应交税费明细账

  C. 应付账款明细款   D. 原材料明细账

5. 登记现金日记账收入栏的依据有（　　）。

  A. 累计凭证   B. 现金收款凭证

  C. 转账凭证   D. 银行存款付款凭证

6. 普通日记账的缺点有（　　）。

  A. 记账时不便于分工合作

  B. 不便于了解企业一定时期发生的所有经济业务全貌

  C. 不便于进行试算平衡

  D. 不便于了解某一特定账户的发生额及余额的变化情况

7. 登记银行存款日记账收入栏的依据有（　　）。

  A. 银行存款收款凭证   B. 现金付款凭证

  C. 转账凭证   D. 累计凭证

8. 下列应设置备查账簿登记的事项有（　　）。

  A. 固定资产卡片   B. 本单位已采购的材料

  C. 临时租入的固定资产   D. 本单位受托加工材料

9. 任何会计主体都必须设置的账簿有（　　）。

  A. 日记账   B. 备查账

  C. 总分类账   D. 明细分类账

10. 账簿按其外表形式分，可以分为（　　）。

  A. 三栏式   B. 订本式   C. 卡片式   D. 活页式

11. 下列适用多栏式明细账的是（　　）。

  A. 生产成本   B. 制造费用

C. 材料采购   D. 应付账款

12. 在账簿记录中，红笔只能用于（   ）。

    A. 错误更正   B. 冲账   C. 结账   D. 登账

13. 登记银行存款日记账的依据为（   ）。

    A. 银行存款收款凭证   B. 银行存款付款凭证

    C. 库存现金收款凭证   D. 库存现金付款凭证

14. 账簿记录发生错误时，应根据错账的具体情况，按规定的方法进行更正，不得（   ）。

    A. 涂改   B. 挖补

    C. 用褪色药水消除字迹   D. 撕去错页重新抄写

15. 会计账簿按其用途的不同，可以分为（   ）。

    A. 序时账簿   B. 分类账簿

    C. 备查账簿   D. 数量金额式账簿

16. 下列明细账中不宜采用数量金额式的有（   ）。

    A. 产成品——A 产品   B. 原材料——甲材料

    C. 财务费用   D. 应收账款——M 公司

17. 在会计账簿扉页上填列的内容包括（   ）。

    A. 账簿名称   B. 单位名称

    C. 账户名称   D. 起止页次

18. 会计账簿登记规则包括（   ）。

    A. 记账必须有依据   B. 按页次顺序连续记

    C. 账簿记载的内容应与记账凭证一致   D. 结清余额

19. 以下属于备查账簿的有（   ）。

    A. 租入固定资产登记簿   B. 代销商品登记簿

    C. 受托加工材料登记簿   D. 材料采购明细账

20. 总分类账一般采用（   ）。

    A. 订本式   B. 活页式   C. 三栏式   D. 多栏式

21. 下列账簿中不能采用卡片式账簿的有（   ）。

    A. 现金日记账   B. 固定资产

    C. 总分类账   D. 明细分类账

22. 会计账簿中，下列（   ）可以用红色墨水记账。

  A. 按照红字冲账的记账凭证，冲销错误记录

  B. 在不设借贷等栏的多栏式账页中，登记减少数

  C. 在三栏式账户的余额栏前，如未印明余额方向的（如借或贷），在余额栏内登记负数余额

  D. 会计制度中规定可以用红字登记的其他会计记录

  23. 可用于更正因记账凭证错误而导致账簿登记错误的错账更正方法有（　　）。

  A. 划线更正法　　B. 红字更正法　　C. 补充登记法　　D. 顺查法

  24. 收回货款 1 500 元存入银行，记账凭证中误将金额填为 15 000 元，并已入账，错账的更正方法不正确的是（　　）。

  A. 用划线更正法更正

  B. 用蓝字借记"银行存款"账户 1 500 元，贷记"应收账款"账户 1 500 元

  C. 用红字借记"应收账款"账户 15 000 元，贷记"银行存款"账户 15 000 元

  D. 用红字借记"银行存款"账户 13 500 元，贷记"应收账款"账户 13 500 元

三、判断题

1. 现金日记账和银行存款日记账的外表形式必须采用订本式账簿。（　　）

2. 记账以后，发现记账凭证中应借应贷科目错误，应采用红字更正法更正。

（　　）

3. 采用普通日记账时，可根据经济业务直接登记，然后再将普通日记账过入分类账。因此，设置普通日记账时一般可不再填制记账凭证。（　　）

4. 任何单位都必须设置总分类账。（　　）

5. 所有总分类账的外表形式都必须采用订本式。（　　）

6. 记账以后，发现记账凭证和账簿记录中应借应贷的会计科目无误，只是金额有错误，且所错记的金额小于应记的正确金额，可采用红字更正法更正。

（　　）

7. 为了保证现金日记账的安全和完整，现金日记账无论采用三栏式还是多

栏式，外表形式都必须使用订本账。 （　）

8. 为保持账簿记录的持久性，防止涂改，记账时必须使用蓝黑墨水或碳素墨水，并用钢笔书写，不得使用铅笔或圆珠笔书写。 （　）

9. 账簿按其用途不同，可分为订本式账簿、活页式账簿和卡片式账簿。 （　）

10. 会计账簿是连接会计凭证与会计报表的中间环节，在会计核算中具有承前启后的作用，是编制会计报表的基础。 （　）

11. 我国每个会计主体都采用普通日记账登记每日库存现金和银行存款的收付。 （　）

12. 多栏式明细账一般适用于资产类账户。 （　）

13. 由于记账凭证错误而造成的账簿记录错误，可采用划线更正法进行更正。 （　）

14. 采用划线更正法时，只要将账页中个别错误数码划上红线，再填上正确数码即可。 （　）

15. 记账凭证中会计账户、记账方向正确，但所记金额大于应记金额而导致账簿登记金额增加的情况，可采用补充登记法进行更正。 （　）

16. 三栏式账簿是指具有日期、摘要、金额三个栏目格式的账簿。 （　）

17. 凡是明细账都使用活页账簿，以便于根据实际需要，随时添加空白账页。 （　）

18. 启用订本式账簿，除在账簿扉页填列"账簿启用和经管人员一览表"外，还要从第一页到最后一页顺序编写页数，不得跳页、缺号。 （　）

19. 各账户在一张账页记满时，应在该账页最后一行结出余额，并在"摘要"栏注明"转次页"字样。 （　）

20. 登记账簿时，发生的空行、空页一定要补充书写，不得注销。 （　）

21. 出纳应在现金日记账每笔业务登记完毕，即结出余额，并与库存现金进行核对。 （　）

22. 账簿中书写的文字和数字上面要留有适当空距，一般应占格距的二分之一，以便于发现错误时进行修改。 （　）

23. 会计账簿作为重要的经济档案，因保存期长，必须使用蓝色或黑色的笔书写。 （　）

24. 无论分类账簿还是序时账簿，都需要以记账凭证作为记账依据。 （　）

25. 补充登记法就是把原来未登记完的业务登记完毕的方法。 （　）

参 考 答 案

一、单项选择题

1. A；2. D；3. D；4. B；5. B；6. A；7. B；8. B；9. B；10. C；11. A；12. D；13. D；14. B；15. A；16. A；17. A；18. A；19. C；20. B；21. C；22. B

二、多项选择题

1. ABD；2. ACD；3. ABC；4. AD；5. BD；6. ACD；7. AB；8. CD；9. ACD；10. BCD；11. AB；12. ABC；13. ABD；14. ABCD；15. ABC；16. CD；17. ABCD；18. ABC；19. ABC；20. AC；21. AC；22. ABCD；23. BC；24. ABC

三、判断题

1. √；2. √；3. √；4. √；5. √；6. ×；7. √；8. √；9. ×；10. √；11. ×；12. ×；13. ×；14. ×；15. ×；16. ×；17. √；18. √；19. √；20. ×；21. ×；22. √；23. ×；24. √；25. ×

第七章 期末账项结转和利润核算

一、单项选择题

1. 下列应该通过"制造费用"科目核算的是（   ）。

    A. 生产管理部门人员的工资
    B. 行政管理部门的折旧费

    C. 材料采购时发生的运费
    D. 销售部门的差旅费

2. 甲公司 2016 年 12 月期初"生产成本"账户余额为 1 000 万元，本期发生生产成本 8 000 万元，期末"生产成本"账户余额 3 000 万元。假设生产成本的减少额全部是因为完工入库导致的，则完工入库时的账务处理为（   ）。（单位为万元）

    A. 借：主营业务成本   11 000

          贷：生产成本   11 000

    B. 借：库存商品   6 000

          贷：生产成本   6 000

    C. 借：主营业务成本   6 000

          贷：库存商品   6 000

    D. 借：库存商品   11 000

          贷：生产成本   11 000

3. 制造公司第一生产车间生产甲、乙两种产品，甲产品生产工人工时为 600 小时，乙产品生产工人工时为 400 小时，2016 年 10 月末按生产工人工时比例分配本月发生的制造费用 86 306 元。甲产品和乙产品应分担的制造费用为（   ）元。

    A. 甲产品和乙产品均是 43 153 元

    B. 甲产品是 34 522 元，乙产品是 51 784 元

    C. 甲产品是 51 784 元，乙产品是 34 522 元

    D. 甲产品和乙产品均是 86 306 元

4. 车间直接参加产品生产工人的工资，记入（　　）账户借方。

    A. 生产成本　　　　　　　　　　B. 制造费用

    C. 管理费用　　　　　　　　　　D. 应付职工薪酬

5. 下列各项中，不应该计入企业产品成本的是（　　）。

    A. 销售产品过程中发生的运输费　　B. 车间管理人员工资

    C. 生产设备折旧费　　　　　　　　D. 生产领用的原材料成本

6. 关于"制造费用"科目，下列说法不正确的是（　　）。

    A. 该科目的借方归集生产过程中发生的间接费用

    B. 分配给某个产品的制造费用从贷方转出

    C. 本科目期末一定无余额

    D. 本科目可以按不同的车间、部门设置明细账

7. 某企业某车间月初在产品成本为 4 000 元，本月生产产品耗用材料 80 000 元，生产工人工资及福利费 16 000 元，该车间管理人员工资及福利费 8 000 元，车间水电等费用 8 000 元，月末在产品生产成本 8 800 元，厂部预付半年报刊费 2 400 元（含本月），则该车间本月完工产品生产成本总额为（　　）元。

    A. 112 400　　　　B. 116 400　　　　C. 107 200　　　　D. 107 800

8. 结算本月应付职工薪酬，按用途归集如下：A 产品生产工人工资 5 000 元；B 产品生产工人工资 4 000 元。本月共发生制造费用金额 2 700 元，根据生产工人工资比例分配并结转本月制造费用，以下说法不正确的是（　　）。

    A. A 产品分配制造费用 1 500 元　　B. B 产品分配制造费用 1 200 元

    C. B 产品分配制造费用比例为 1.6%　D. 应贷记制造费用 2 700 元

9. 企业生产发生的间接费用应先在"制造费用"科目归集，期末再按一定的标准和方法分配记入（　　）科目。

    A. 管理费用　　　　　　　　　　B. 生产成本

    C. 本年利润　　　　　　　　　　D. 库存商品

10. 甲公司为一般纳税人，2016 年 10 月 29 日从外地购入 A 材料 23 吨，货款 20 000 元，增值税款 3 400 元，并以现金支付运费 1 500 元。假定运费可以按照 7% 的扣除率计算进项税额，则 A 材料的采购成本为（　　）元。

    A. 20 000　　　　B. 21 500　　　　C. 21 395　　　　D. 23 400

11. 原材料已验收入库，月末尚未收到结算凭证的，入库材料按合同价格入账时，除了借记"原材料"账户外，还应贷记（　　　）。

  A. 在途物资   B. 应付账款

  C. 原材料   D. 银行存款

12. 某一般纳税人工业企业，外购原材料取得增值税发票，材料总价100 000元，增值税费17 000元，入库前发生运输费2 000元，挑选整理费1 000元，包装物押金1 000（假设不考虑相关增值税），则该批材料的采购成本为（　　　）元。

  A. 120 000   B. 104 000   C. 103 000   D. 100 000

13. 某企业为增值税一般纳税人，购入材料一批，增值税专用发票上标明的价款为100万元，增值税为17万元，另支付材料的保险费2万元、包装物押金3万元（假设不考虑相关增值税），该批材料的采购成本为（　　　）万元。

  A. 100   B. 102   C. 117   D. 10

14. 某工业企业为增值税小规模纳税人，2016年10月9日购入材料一批，取得的增值税专用发票上注明的不含税价款为21 200元，增值税额为3 604元。该企业适用的增值税税率为3%，材料入库前的挑选整理费为200元，材料已验收入库。则该企业取得的材料的入账价值应为（　　　）元。

  A. 20 200   B. 21 400   C. 23 804   D. 25 004

15. 下列项目中，不属于外购存货成本的是（　　　）。

  A. 运杂费   B. 入库前的挑选整理费

  C. 运输途中的合理损耗   D. 入库后的保管费用

16. 以下不构成企业利润总额的项目是（　　　）。

  A. 投资收益   B. 营业利润

  C. 营业外收支净额   D. 公积金

17. 下列各项中，不属于增值税一般纳税人存货成本的是（　　　）。

  A. 商品的买价   B. 商品的增值税（取得专用发票）

  C. 商品的消费税   D. 商品的运输费

18. 企业无论从何种途径取得的材料，入库时都要通过（　　　）科目核算。

  A. 在途物资   B. 应付票据

  C. 原材料   D. 应付账款

19. 计划成本法下，已经付款购买但尚未入库的材料，应该通过（　　　）账户进行核算。

    A. 原材料   B. 材料采购

    C. 工程物资   D. 在途物资

20. 以下项目中，在"营业税金及附加"科目中核算的税费为（　　　）。

    A. 房产税   B. 增值税   C. 印花税   D. 消费税

21. 29 日销售材料开具的普通发票上注明价款 10 000 元，款项尚未收到。以下处理正确的是（　　　）。

    A. 借：应收账款 10 000   B. 贷：主营业务收入 10 000

    C. 借：应收账款 11 700   D. 贷：营业外收入 10 000

22. 工业企业销售产品一批开具普通发票标明价款 11.7 万元，款项尚未收到，应编制的会计分录为（　　　）。

    A. 借：应收账款   117 000

       贷：主营业务收入   117 000

    B. 借：应收账款   117 000

       贷：主营业务收入   100 000

          应交税费——应交增值税（销项税额）   17 000

    C. 借：应收账款   117 000

       贷：其他业务收入   117 000

    D. 借：应收账款   117 000

       贷：其他业务收入   100 000

          应交税费——应交增值税（销项税额）   17 000

23. 工业企业销售材料一批，开具增值税专用发票上标明价款 2 万元，增值税 0.34 万元，款项收妥存入银行。销售材料取得的收入应记入（　　　）科目。

    A. 主营业务收入   B. 其他业务收入

    C. 营业外收入   D. 投资收益

24. 工业企业销售产品一批，开具增值税专用发票上标明价款 20 万元，增值税 3.4 万元，款项尚未收到，应编制的会计分录为（　　　）。

    A. 借：应付账款   234 000

       贷：主营业务收入   200 000

          应交税费——应交增值税（销项税额）   34 000

    B. 借：应收账款   234 000

       贷：主营业务收入   200 000

$\qquad$应交税费——应交增值税（销项税额） 34 000

  C. 借：主营业务收入 200 000

    应交税费——应交增值税（销项税额） 34 000

    贷：应收账款 234 000

  D. 借：主营业务收入 200 000

    应交税费——应交增值税（销项税额） 34 000

    贷：应付账款 234 000

25. 工业企业销售材料一批开具普通发票上金额为 3.51 万元，款项收妥存入银行。应编制会计分录为（ ）。

  A. 借：银行存款 35 100

    贷：其他业务收入 30 000

      应交税费——应交增值税（销项税额） 5 100

  B. 借：银行存款 35 100

    贷：其他业务收入 35 100

  C. 借：其他业务收入 30 000

    应交税费——应交增值税（销项税额） 5 100

    贷：银行存款 35 100

  D. 借：其他业务收入 35 100

    贷：银行存款 35 100

26. 企业出租包装物收取的租金应当（ ）。

  A. 计入主营业务收入   B. 计入其他业务收入

  C. 计入营业外收入   D. 冲减管理费用

27. 按照我国会计准则的规定，下列各项中不应确认为收入的是（ ）。

  A. 销售商品收入   B. 销售原材料收入

  C. 出租固定资产的租金收入   D. 出售无形资产取得的净收益

28. 企业 2016 年 12 月 1 日销售商品一批，售价为 20 000 元，增值税为 3 400 元，销售过程中支付运费 200 元。企业于 1 月 8 日收到该商品款，则应该确认的收入为（ ）。

  A. 20 000   B. 23 400   C. 19 800   D. 23 200

29. 所得税费用属于（ ）类科目。

  A. 资产   B. 损益

  C. 负债   D. 所有者权益

30. 甲公司销售给 Y 公司 B 产品 300 件，每件销售 500 元，价款为 150 000 元，对方以转账支票支付价款，不考虑其他因素，该业务账务处理为（   ）。

  A. 借：应收账款——Y 公司   150 000

    贷：主营业务收入   150 000

  B. 借：应收票据——Y 公司   150 000

    贷：主营业务收入   150 000

  C. 借：银行存款   150 000

    贷：主营业务收入   150 000

  D. 借：主营业务收入   150 000

    贷：应收票据——Y 公司   150 000

31. 某企业 2016 年 12 月共增加银行存款 80 000 元。其中：出售商品收入 30 000 元；增值税 5 100 元；出售固定资产收入 20 000 元；接受捐赠收入 10 000 元；出租固定资产收入 14 900 元。则该月应确认的收入为（   ）元。

  A. 35 100   B. 64 900   C. 50 000   D. 44 900

32. 已经确认收入的销售商品发生销售折让的时候应该（   ）。

  A. 计入当期的财务费用   B. 冲减主营业务收入

  C. 冲减其他业务收入   D. 计入其他业务支出

33. 企业销售原材料一批，增值税发票上注明售价为 100 000 元，增值税税额为 17 000 元，款项已存入银行，其分录为（   ）。

  A. 借：银行存款   117 000

    贷：其他业务收入   100 000

      应交税费——应交增值税（销项税额）   17 000

  B. 借：银行存款   117 000

    贷：主营业务收入   100 000

      应交税费——应交增值税（销项税额）   17 000

  C. 借：主营业务收入   100 000

      应交税费——应交增值税（销项税额）   17 000

    贷：银行存款   117 000

  D. 借：其他业务收入   100 000

      应交税费——应交增值税（销项税额）   17 000

贷：银行存款   117 000

34. 下列不作为企业商品销售处理的是（ ）。

  A. 销售原材料   B. 销售包装物

  C. 商品对外捐赠   D. 正常情况下以商品抵偿债务

35. 企业 2016 年 12 月 1 日销售商品一批，售价为 20 000 元，增值税为 3 400 元，现金折扣的条件为：2/10，1/20，n/30。企业于 12 月 8 日收到了商品款，则应该确认的收入为（ ）元。

  A. 20 000   B. 23 400   C. 19 600   D. 2 293

36. 企业销售商品时，发生的现金折扣应当作为（ ）处理。

  A. 营业收入   B. 财务费用

  C. 销售费用   D. 管理费用

37. 企业 2016 年 1 月 12 日销售商品一批，售价为 20 000 元，增值税为 3 400 元，销售过程中支付运费 400 元。企业于 1 月 18 日收到了商品款，则应该确认的收入为（ ）元。

  A. 20 000   B. 23 400   C. 19 800   D. 23 200

38. 25 日，以银行存款支付广告费 7 000 元，以银行存款支付违章占道罚款 2 000 元（不得从应纳税所得中扣除）。以下会计分录正确的是（ ）。

  A. 借：销售费用   7 000

     贷：预付账款   7 000

  B. 借：管理费用   7 000

     贷：银行存款   7 000

  C. 借；营业外支出——罚款   2 000

     贷：银行存款   2 000

  D. 借：管理费用——罚款   2 000

     贷：银行存款   2 000

二、多项选择题

1. 产品成本项目一般包括（ ）。

  A. 直接材料   B. 制造费用

  C. 直接人工   D. 销售费用

2. 计入产品成本的费用包括（   ）。

    A. 财务费用   B. 制造费用

    C. 管理费用   D. 直接人工费用

3. 应计入产品成本的费用有（   ）。

    A. 工会经费   B. 生产设备计提的折旧费用

    C. 生产工人工资及福利费   D. 车间照明费

4. 分配车间直接参加产品生产工人的职工薪酬时，涉及的账户有（   ）。

    A. 管理费用   B. 制造费用

    C. 生产成本   D. 应付职工薪酬

5. 某公司当月领用材料 149 200 元，其中生产甲产品耗用 100 000 元，生产乙产品耗用 48 000 元，生产车间一般耗用 1 200 元，应编制会计分录有（   ）。

    A. 借：生产成本——甲产品   100 000

          贷：原材料   100 000

    B. 借：生产成本——乙产品   48 000

          贷：原材料   48 000

    C. 借：制造费用   1 200

          贷：原材料   1 200

    D. 借：管理费用   149 200

          贷：原材料   149 200

6. 企业月末结转本月制造费用 27 800 元，根据甲、乙产品的生产工时比例分配制造费用，甲、乙产品的生产工时分别为 30 000 小时和 20 000 小时，应编制会计分录（   ）。

    A. 借：生产成本——甲产品   16 680

          贷：制造费用   16 680

    B. 借：生产成本——甲产品   11 120

          贷：制造费用   11 120

    C. 借：生产成本——乙产品   11 120

          贷：制造费用   11 120

    D. 借：生产成本——乙产品   16 680

          贷：制造费用   16 680

7. 工业企业外购存货的实际成本包括（　　）。

    A. 购买价款   B. 运杂费

    C. 入库前的挑选整理费用   D. 采购人员的差旅费

8. 下列各项中，应计入一般纳税企业材料采购成本的有（　　）。

    A. 购买材料支付的买价   B. 支付的材料运费

    C. 购买材料发生的增值税   D. 采购过程中的保险费

9. 企业对存货核算时，需要设置的科目有（　　）。

    A. 原材料   B. 应交税费

    C. 生产成本   D. 制造费用

10. 企业对存货采用计划成本法核算时，需要设置的科目有（　　）。

    A. 原材料   B. 材料成本差异

    C. 材料采购   D. 在途物资

11. 某企业销售自产产品一批，该产品售价 100 000 元，成本 70 000 元，款项已经收到，存入银行。假设不考虑增值税等相关税费，下列关于此业务的账务处理正确的有（　　）。

    A. 借：银行存款   100 000

         贷：主营业务收入   100 000

    B. 借：库存商品   70 000

         贷：主营业务成本   70 000

    C. 借：银行存款   10 000

         贷：预收账款   10 000

    D. 借：主营业务成本   70 000

         贷：库存商品   70 000

12. 工业企业发生的下列各项业务中，取得的收入应记入"其他业务收入"的有（　　）。

    A. 销售原材料   B. 出售固定资产

    C. 出租无形资产   D. 销售商品

13. 在产品销售业务的核算中，期末结转后，下列账户中应无余额的有（　　）。

    A. 主营业务收入   B. 主营业务成本

    C. 销售费用   D. 应交税费

14. 某企业为一般纳税人，销售 A 产品 50 件，每件售价 2 000 元，增值税税额为 17 000 元，款项已存入银行。该批产品的成本为 70 000 元。正确的会计分录为（　　）。

A. 借：银行存款　　　　　　　　　　　　　　117 000

　　　贷：主营业务收入　　　　　　　　　　　100 000

　　　　　应交税费——应交增值税（销项税额）　17 000

B. 借：银行存款　　　　　　　　　　　　　　83 000

　　　应交税费——应交增值税（销项税额）　　17 000

　　　贷：主营业务收入　　　　　　　　　　　100 000

C. 借：银行存款　　　　　　　　　　　　　　117 000

　　　贷：主营业务收入　　　　　　　　　　　117 000

D. 借：主营业务成本　　　　　　　　　　　　70 000

　　　贷：库存商品——A 产品　　　　　　　　70 000

15. 企业实现的（　　），应通过"其他业务收入"科目核算。

A. 让渡资产使用权的收入　　　　　B. 原材料销售收入

C. 无形资产使用费收入　　　　　　D. 包装物、固定资产的出租收入

16. 甲公司销售商品一批，产品售价 200 万元，该批产品成本为 150 万元，货款已经收到，不考虑相关税费。以下会计分录正确的有（　　）。

A. 借：银行存款　　　　　　　　　　　　　　2 000 000

　　　贷：主营业务收入　　　　　　　　　　　2 000 000

B. 借：应收账款　　　　　　　　　　　　　　2 000 000

　　　贷：主营业务收入　　　　　　　　　　　2 000 000

C. 借：主营业务成本　　　　　　　　　　　　1 500 000

　　　贷：库存商品　　　　　　　　　　　　　1 500 000

D. 借：库存商品　　　　　　　　　　　　　　1 500 000

　　　贷：主营业务成本　　　　　　　　　　　1 500 000

17. 下列项目中属于"营业外收入"科目核算内容的有（　　）。

A. 存货因收发计量产生盘盈

B. 收到的捐赠款

C. 处置非流动资产的净收益

D. 罚款收入

18. 下列各项中，应该计入营业外支出的有（　　）。

    A. 出售固定资产净损失　　　　　　B. 固定资产盘亏净损失

    C. 无形资产摊销　　　　　　　　　D. 捐赠支出

19. 关于利润分配，下列说法中正确的有（　　）。

    A. 公司制企业的法定盈余公积应该按照税后利润的10%计提

    B. 法定盈余公积可以转增资本

    C. 任意盈余公积的计提比例由企业自己决定

    D. 未分配利润是没有指定用途的利润

20. 关于利润分配的核算，下列表述中正确的有（　　）。

    A. 企业应设置"利润分配"账户，其贷方登记企业已分配的利润数额

    B. 设置"盈余公积"账户，其贷方登记提取的盈余公积数额

    C. "应付股利"账户用来反映和监督企业向投资者支付股利情况，期末余额一般在贷方

    D. 企业在向投资者分配利润后，剩余部分可以按规定提取盈余公积

三、判断题

1. 产品生产成本也就是产品的制造成本。　　　　　　　　　　　（　　）

2. 制造业企业发生的工资费用不一定都是生产费用。　　　　　　（　　）

3. 企业购入原材料的采购成本中包括增值税进项税额。　　　　　（　　）

4. 费用和成本是既有联系又有区别的两个概念，费用与特定的计算对象相联系，而成本则与特定的会计期间相联系。　　　　　　　　　　（　　）

5. 成本是计量经营耗费和确定补偿尺度的重要工具。　　　　　　（　　）

6. 成本计算期的确定取决于企业生产组织的特点和管理要求。　　（　　）

7. 产品销售成本 = 生产成本 + 增值税销项税额。　　　　　　　（　　）

8. 费用对象化就是该对象的成本。　　　　　　　　　　　　　　（　　）

四、实训练习

1. 新世纪公司2016年12月各损益类科目发生额如下表所示：

科目发生额表 单位：元

科目	借方发生额	贷方发生额	科目	借方发生额	贷方发生额
主营业务收入		90 000	其他业务收入		3 000
主营业务成本	50 000		其他业务成本	1 000	
主营业务税金及附加	4 500		投资收益		1 500
销售费用	2 000		营业外收入		3 500
管理费用	8 500		营业外支出	1 800	
财务费用	2 000		所得税费用	9 400	

要求：根据上述资料编制该公司 2016 年 12 月利润表。

利润表

编制单位： 2016 年 12 月 单位：元

项目	本期金额
一、营业收入	
减：营业成本	
营业税金及附加	
销售费用	
管理费用	
财务费用	
加：投资收益（亏损以"－"号填列）	
二、营业利润（亏损以"－"号填列）	
加：营业外收入	
减：营业外支出	
三、利润总额（亏损以"－"号填列）	
减：所得税费用	
四、净利润（亏损以"－"号填列）	

2. 三宏公司 2016 年 12 月结账前有关科目资料摘要如下表所示。

单位：元

科目名称	12月31日结账前余额
主营业务收入	143 600
主营业务成本	
营业税金及附加	750
销售费用	2 000
管理费用	4 200
财务费用	
营业外收入	8 000
营业外支出	600
所得税费用	
本年利润	
利润分配——未分配利润	121 000

三宏公司12月31日发生以下调整及结转业务：

（1）计提本月行政管理部门使用固定资产折旧500元。

（2）结算本月行政管理人员工资3 000元。

（3）计提本月短期借款利息150元。

（4）结转本月产品销售成本86 000元。

（5）计算并结转本月损益。

（6）按25%税率计算并结转本月所得税。

（7）按税后利润的10%提取法定盈余公积金。

（8）向投资者分配利润9 800元。

（9）结转"本年利润"科目。

（10）结转"利润分配"科目的明细账。

要求：

（1）根据上述资料编制有关会计分录。

（2）根据上述资料编制三宏公司2016年12月利润表。

利润表

编制单位：　　　　　　　　　2016 年 12 月　　　　　　　　单位：元

项目	本期金额
一、营业收入	
减：营业成本	
营业税金及附加	
销售费用	
管理费用	
财务费用	
加：投资收益（亏损以"－"号填列）	
二、营业利润（亏损以"－"号填列）	
加：营业外收入	
减：营业外支出	
三、利润总额（亏损以"－"号填列）	
减：所得税费用	
四、净利润（亏损以"－"号填列）	

参 考 答 案

一、单项选择题

1. A；2. B；3. C；4. A；5. A；6. C；7. C；8. C；9. B；10. C；11. B；
12. C；13. B；14. D；15. D；16. D；17. B；18. C；19. B；20. D；21. A；
22. B；23. B；24. B；25. A；26. B；27. D；28. A；29. B；30. C；31. D；
32. B；33. A；34. C；35. A；36. B；37. A；38. C

二、多项选择题

1. ABC；2. BD；3. BCD；4. CD；5. ABC；6. AC；7. ABC；8. ABD；
9. ABCD；10. ABC；11. AD；12. AC；13. ABC；14. AD；15. ABCD；16. AC；
17. BCD；18. ABD；19. ABCD；20. BC

三、判断题

1. √；2. √；3. ×；4. ×；5. √；6. ×；7. ×；8. √

四、实训练习

利润表

编制单位：新世纪公司　　　　　　2016 年 12 月　　　　　　　　单位：元

项目	本期金额
一、营业收入	93 000
减：营业成本	51 000
营业税金及附加	4 500
销售费用	2 000
管理费用	8 500
财务费用	2 000
加：投资收益（亏损以"－"号填列）	1 500
二、营业利润（亏损以"－"号填列）	26 500
加：营业外收入	3 500
减：营业外支出	1 800
三、利润总额（亏损以"－"号填列）	28 200
减：所得税费用	9 400
四、净利润（亏损以"－"号填列）	18 800

2.（1）借：管理费用　　　　　　　　　　　　　　　　500

　　　　　贷：累计折旧　　　　　　　　　　　　　　　　500

　（2）借：管理费用　　　　　　　　　　　　　　　3 000

　　　　　贷：应付职工薪酬　　　　　　　　　　　　　3 000

　（3）借：财务费用　　　　　　　　　　　　　　　　150

　　　　　贷：应付利息　　　　　　　　　　　　　　　　150

　（4）借：主营业务成本　　　　　　　　　　　　　86 000

　　　　　贷：库存商品　　　　　　　　　　　　　　86 000

　（5）①借：主营业务收入　　　　　　　　　　　143 600

　　　　　　　营业外收入　　　　　　　　　　　　　8 000

　　　　　　贷：本年利润　　　　　　　　　　　　151 600

　　　②借：本年利润　　　　　　　　　　　　　　97 200

$$\begin{array}{lr} \text{贷：主营业务成本} & 86\ 000 \\ \text{营业税金及附加} & 750 \\ \text{销售费用} & 2\ 000 \\ \text{管理费用} & 7\ 700 \\ \text{财务费用} & 150 \\ \text{营业外支出} & 600 \end{array}$$

（6）本月应交所得税 = (151 600 - 97 200) × 25% = 13 600（元）

$$\begin{array}{lr} ①\text{借：所得税费用} & 13\ 600 \\ \quad\text{贷：应交税费——应交所得税} & 13\ 600 \\ ②\text{借：本年利润} & 13\ 600 \\ \quad\text{贷：所得税费用} & 13\ 600 \end{array}$$

$$\begin{array}{lr} （7）\text{借：利润分配——提取法定盈余公积} & 4\ 080 \\ \quad\text{贷：盈余公积——法定盈余公积} & 4\ 080 \\ （8）\text{借：利润分配——应付股利} & 9\ 800 \\ \quad\text{贷：应付股利} & 9\ 800 \\ （9）\text{借：本年利润} & 40\ 800 \\ \quad\text{贷：利润分配——未分配利润} & 40\ 800 \\ （10）\text{借：利润分配——未分配利润} & 13\ 880 \\ \quad\text{贷：利润分配——提取法定盈余公积} & 4\ 080 \\ \quad\quad\text{——应付利润} & 9\ 800 \end{array}$$

利润表

编制单位：三宏公司　　　　　2016 年 12 月　　　　　单位：元

项目	本期金额
一、营业收入	143 600
减：营业成本	86 000
营业税金及附加	750
销售费用	2 000
管理费用	7 700
财务费用	150
加：投资收益（亏损以"-"号填列）	—

项目	本期金额
二、营业利润（亏损以"－"号填列）	47 000
加：营业外收入	8 000
减：营业外支出	600
三、利润总额（亏损以"－"号填列）	54 400
减：所得税费用	13 600
四、净利润（亏损以"－"号填列）	40 800

第八章 财产清查

一、单项选择题

1. 企业在遭受自然灾害后，对其受损的财产物资进行的清查，属于（　　）。
   - A. 局部清查和定期清查
   - B. 全面清查和定期清查
   - C. 局部清查和不定期清查
   - D. 全面清查和不定期清查

2. 对库存现金的清查应采用的方法是（　　）。
   - A. 实地盘点法
   - B. 检查现金日记账
   - C. 倒挤法
   - D. 抽查库存现金

3. 对应收账款进行清查时，应采用的方法是（　　）。
   - A. 与记账凭证核对
   - B. 函证法
   - C. 实地盘点法
   - D. 技术推算法

4. 财产清查是对（　　）进行盘点和核对，确定其实存数，并查明其账存数与实存数是否相符的一种专门方法。
   - A. 存货
   - B. 固定资产
   - C. 货币资金
   - D. 各项财产

5. 银行存款清查的方法是（　　）。
   - A. 定期盘存法
   - B. 和往来单位核对账目的方法
   - C. 实地盘存法
   - D. 与银行核对账目的方法

6. 往来款项的清查方法是（　　）。
   - A. 实地盘点法
   - B. 发函询证法
   - C. 技术推算法
   - D. 抽查法

7. 下列反映在"待处理财产损溢"科目借方的是（　　　）。

    A. 财产的盘亏数　　　　　　　　　　B. 财产的盘盈数

    C. 财产盘亏的转销数　　　　　　　　D. 尚未处理的财产净溢余

8. 采用永续盘存制，平时对财产物资的账簿记录应该是（　　　）。

    A. 只记录增加，不记录减少　　　　　B. 既记录增加，又记录减少

    C. 不记录增加，只记录减少　　　　　D. 只记录增加，倒挤出减少数

9. 对于天然堆放的矿石，一般采用（　　　）法进行清查。

    A. 技术推算　　　　　　　　　　　　B. 抽查检验

    C. 询证核对　　　　　　　　　　　　D. 实地盘点

10. 下列属于实物资产清查范围的是（　　　）。

    A. 库存现金　　　　　　　　　　　　B. 存货

    C. 银行存款　　　　　　　　　　　　D. 应收账款

11. 关于现金的清查，下列说法中不正确的是（　　　）。

    A. 在清查小组盘点现金时，出纳人员必须在场

    B. "现金盘点报告表"需要清查人员和出纳人员共同签字盖章

    C. 要根据"现金盘点报告表"进行账务处理

    D. 不必根据"现金盘点报告表"进行账务处理

12. 财产清查是通过实地盘点、查证核对来查明（　　　）是否相符的一种方法。

    A. 账证　　　　　B. 账账　　　　　C. 账实　　　　　D. 账表

13. 全面清查和局部清查是按照（　　　）来划分的。

    A. 财产清查的范围　　　　　　　　　B. 财产清查的时间

    C. 财产清查的方法　　　　　　　　　D. 财产清查的性质

14. 盘亏的固定资产应该通过（　　　）科目核算。

    A. 固定资产清理　　　　　　　　　　B. 待处理财产损溢

    C. 以前年度损益调整　　　　　　　　D. 材料成本差异

15. 一般来说，单位撤销、合并或改变隶属关系时，要进行（　　　）。

    A. 全面清查　　　　　　　　　　　　B. 局部清查

    C. 实地盘点　　　　　　　　　　　　D. 技术推算

16. 无法查明原因的现金盘盈应该记入（　　　）科目。

    A. 管理费用　　　　　　　　　　　　B. 营业外收入

    C. 销售费用　　　　　　　　　　　　D. 其他业务收入

17. 年终决算前进行的财产清查属于（　　）。

    A. 局部清查和定期清查　　　　　　B. 全面清查和定期清查

    C. 全面清查和不定期清查　　　　　D. 局部清查和不定期清查

18. 某公司 2016 年 6 月 30 日银行存款日记账的余额为 100 万元，经逐笔核对，未达账项如下：银行已收，企业未收的 2 万元；银行已付，企业未付的 1.5 万元。调整后的企业银行存款余额应为（　　）万元。

    A. 100　　　　　　B. 100.5　　　　　　C. 102　　　　　　D. 103.5

二、多项选择题

1. 在财产清查的过程中，应编制并据以调整账面记录的原始凭证有（　　）。

    A. 库存现金盘点报告单　　　　　　B. 银行存款余额调节表

    C. 财产物资清查盘存单　　　　　　D. 财产清查盈亏明细表

2. 下列项目中，属于不定期并且全面清查的是（　　）。

    A. 单位合并、撤销以及改变隶属关系　B. 年终决算之前

    C. 企业股份制改制前　　　　　　　D. 单位主要领导调离时

3. 造成账实不符的原因主要有（　　）。

    A. 财产物资的自然损耗、收发计量错误　B. 会计账簿漏记、重记、错记

    C. 财产物资的毁损、被盗　　　　　D. 未达账项

4. 财产清查的内容包括（　　）。

    A. 货币资金　　　　　　　　　　　B. 财产物资

    C. 应收、应付款项　　　　　　　　D. 对外投资

5. 在银行存款对账中，未达账项包括（　　）。

    A. 银行已收款入账企业未收款入账

    B. 企业未付款入账银行已付款入账

    C. 企业未付款入账银行也未付款入账

    D. 银行已收款入账企业也收款入账

6. 库存现金盘亏的账务处理中可能涉及的科目有（　　）。

    A. 库存现金　　　　　　　　　　　B. 管理费用

    C. 其他应收款　　　　　　　　　　D. 营业外支出

7. 关于银行存款的清查，下列说法中正确的有（   ）。

 A. 不需要根据"银行存款余额调节表"作任何账务处理

 B. 对于未达账项，等以后有关原始凭证到达后再作账务处理

 C. 如果调整之后双方的余额不相等，则说明银行或企业记账有误

 D. 对于未达账项，需要根据"银行存款余额调节表"作账务处理

8. 下列属于财产清查一般程序的有（   ）。

 A. 组织清查人员学习有关政策规定

 B. 确定清查对象、范围，明确清查任务

 C. 制定清查方案

 D. 填制盘存单和清查报告表

9. 关于往来款项的清查，下列说法正确的有（   ）。

 A. 往来款项的清查一般采用与堆放对账的方法

 B. 要按每一个经济往来单位填制"往来款项对账单"

 C. 对方单位经过核对相符后，在回联单上加盖公章退回，表示已经核对

 D. "现金盘点报告表"不能作为调整账簿记录的原始凭证，不能根据"现金盘点报告表"进行账务处理

10. 下列情况适用于全面清查的有（   ）。

 A. 年终决算前

 B. 单位撤销、合并或改变隶属关系前

 C. 全面清产核资、资产评估

 D. 单位主要负责人调离工作前

11. 编制"银行存款余额调节表"时，应调整银行对账单余额的业务有（   ）。

 A. 企业已收，银行未收   B. 企业已付，银行未付

 C. 银行已收，企业未收   D. 银行已付，企业未付

12. 下列情况中需要进行不定期清查的有（   ）。

 A. 年终决算前进行财产清查 B. 更换财产物资保管人员

 C. 发生自然灾害或意外损失 D. 临时性清产核资

13. 财产清查按其清查时间可以分为（   ）。

 A. 全面清查   B. 定期清查

 C. 局部清查   D. 不定期清查

14. 财产清查的意义包括（　　）。

　　A. 有利于保证会计核算资料的真实可靠

　　B. 有利于挖掘财产物资的潜力，加速资金周转

　　C. 有利于保护财产物资的安全完整

　　D. 有利于维护财经纪律和结算制度

15. 全面清查是指对企业的全部财产进行盘点和核对，包括属于本单位和存放在本单位的所有财产物资、货币资金和各项债权债务。其中的财产物资包括（　　）。

　　A. 在本单位的所有固定资产、库存商品、原材料、包装物、低值易耗品、在产品、未完工程等

　　B. 属于本单位但在途中的各种在途物资

　　C. 委托其他单位加工、保管的材料物资

　　D. 存放在本单位的代销商品、材料物资等

16. 下列项目中属于调增项目的是（　　）。

　　A. 企业已收，银行未收　　　　　　B. 企业已付，银行未付

　　C. 银行已收，企业未收　　　　　　D. 银行已付，企业未付

17. 下列不适于采用实地盘点法清查的有（　　）。

　　A. 原材料　　　　　　　　　　　　B. 固定资产

　　C. 露天堆放的沙石　　　　　　　　D. 露天堆放的煤

18. 财产清查的正确分类方法有（　　）。

　　A. 全面清查和局部清查　　　　　　B. 定期清查和不定期清查

　　C. 全面清查和定期清查　　　　　　D. 定期清查和局部清查

19. 实地盘点实物资产的技术方法主要有（　　）。

　　A. 逐一盘点法　　　　　　　　　　B. 测量计算法

　　C. 技术推算法　　　　　　　　　　D. 抽样盘点法

20. 关于库存现金的清查，下列说法中正确的有（　　）。

　　A. 库存现金应该每日清点一次

　　B. 库存现金应该采用实地盘点法

　　C. 在清查过程中可以用借条、收据充抵库存现金

　　D. 要根据盘点结果编制"现金盘点报告表"

三、判断题

1. 在企业撤销或合并时，要对企业的部分财产进行重点清查。　　　（　　）

2. 未达账项只在企业与开户银行之间发生，企业与其他单位之间不会发生未达账项。　　　（　　）

3. 通过财产清查，可以挖掘财产物资的潜力，有效利用财产物资，加速资金周转。　　　（　　）

4. 未达账项是指企业与银行之间由于记账的时间不一致，而发生的一方已登记入账，另一方漏记的项目。　　　（　　）

5. 对因债权人特殊原因确定无法支付的应付账款，应记入"营业外收入"账户。　　　（　　）

6. 定期清查和不定期清查对象的范围均既可以是全面清查，也可以是局部清查。　　　（　　）

7. 非正常原因造成的存货盘亏损失经批准后应该计入营业外支出。（　　）

8. 小企业会计制度也要设置"待处理财产损溢"科目。　　　（　　）

9. 在进行库存现金和存货清查时，出纳人员和实物保管人员不得在场。

（　　）

10. 存货发生盘亏时，应根据不同的原因作出不同的处理，若属于一般经营性损失或定额内损失，记入"管理费用"科目。　　　（　　）

11. "银行存款余额调节表"编制完成后，可以作为调整企业银行存款余额的原始凭证。　　　（　　）

四、实训练习

1. 大华公司 2015 年 12 月 31 日报表决算前进行财产清查时发现如下问题：

（1）现金短缺 100 元，经查明是由于出纳收发错误造成的，经批准由出纳赔偿。

（2）原材料甲盘盈 100 千克，单价为 10 元/千克，经查明属于自然升溢。

（3）原材料乙盘亏 100 千克，价款 1 000 元，增值税税率为 17%，进项税额为 170 元，无法查明原因。

（4）盘亏设备一台，固定资产原值为 10 000 元，已经计提折旧 5 000 元，未计提减值准备，经查明属于失窃，可以获得保险公司赔偿 1 000 元。

要求：做出上述事项批准前后的账务处理。

2. 某企业 2015 年 6 月 30 日银行存款日记账余额 152 万元，银行对账单余额 148.7 万元。经逐笔核对，发现有几笔未达账项：

（1）企业开出一张支票 0.2 万元购买办公用品，企业已登记入账，但银行尚未登记入账；

（2）企业将销售商品收到的转账支票 5 万元存入银行，企业已登记入账，但银行尚未登记入账；

（3）银行受托代企业支付水电费 0.5 万元，银行已经登记入账，但企业尚未收到付款通知单、未登记入账；

（4）银行已收到外地汇入货款 2 万元登记入账，但企业尚未收到收款通知单、未登记入账；

要求：编制银行存款余额调节表。

参考答案

一、单项选择题

1. C；2. A；3. B；4. D；5. D；6. B；7. A；8. B；9. A；10. B；11. D；12. C；13. A；14. B；15. A；16. B；17. B；18. B

二、多项选择题

1. AD；2. ACD；3. ABCD；4. ABC；5. AB；6. ABC；7. ABC；8. ABCD；9. BC；10. ABCD；11. AB；12. BCD；13. BD；14. ABCD；15. ABCD；16. AC；17. CD；18. AB；19. ABD；20. ABD

三、判断题

1. ×；2. ×；3. √；4. ×；5. √；6. √；7. √；8. ×；9. ×；10. √；11. ×

四、实训练习

1. 会计处理

（1）批准前：借：待处理财产损溢——待处理流动资产损溢　100

贷：库存现金　　　　　　　　　　　　　　　100

批准后：借：其他应收款　　　　　　　　　　　　100

　　　　　　贷：待处理财产损溢——待处理流动资产损溢　　100

（2）批准前：借：原材料　　　　　　　　　　　　　　1 000

　　　　　　　　贷：待处理财产损溢——待处理流动资产损溢　1 000

批准后：借：待处理财产损溢——待处理流动资产损溢　1 000

　　　　　　贷：管理费用　　　　　　　　　　　　　　1 000

（3）批准前：借：待处理财产损溢——待处理流动资产损溢　1 170

　　　　　　　　贷：原材料　　　　　　　　　　　　　1 000

　　　　　　　　　　应交税费——应交增值税（进项税额转出）170

批准后：借：管理费用　　　　　　　　　　　　　　1 170

　　　　　　贷：待处理财产损溢——待处理流动资产损溢　1 170

（4）批准前：借：待处理财产损溢——待处理固定资产损溢　5 000

　　　　　　　　累计折旧　　　　　　　　　　　　　5 000

　　　　　　　　贷：固定资产　　　　　　　　　　　　10 000

批准后：借：其他应收款　　　　　　　　　　　　1 000

　　　　　　营业外支出　　　　　　　　　　　　4 000

　　　　　　贷：待处理财产损溢——待处理固定资产损溢　5 000

2. 银行存款余额调节表

2015 年 6 月 30 日　　　　　　　　　　　　单位：万元

项目	金额	项目	金额
银行存款日记账余额	152	银行对账单余额	148.7
加：银行已收、企业未收款	2	加：企业已收、银行未收款	5
减：银行已付、企业未付款	0.5	减：企业已付、银行未付款	0.2
调节后余额	153.5	调节后余额	153.5

第九章 财务会计报告

一、单项选择题

1. 资产负债表中资产的排列是依据（　　　）。

    A. 项目收益性
    B. 项目重要性
    C. 项目流动性
    D. 项目时间性

2. 根据《企业会计制度》的规定，中期财务会计报告不包括（　　　）。

    A. 月报
    B. 季报
    C. 半年报
    D. 年报

3. 以下项目中，属于资产负债表中流动负债项目的是（　　　）。

    A. 长期借款
    B. 长期应付款
    C. 应付股利
    D. 应付债券

4. "预付账款"科目明细账中若有贷方余额，应将其记入资产负债表中的（　　　）项目。

    A. 应收账款
    B. 预收款项
    C. 应付账款
    D. 其他应付款

5. 资产负债表中货币资金项目中包含的项目是（　　　）。

    A. 银行本票存款
    B. 银行承兑汇票
    C. 商业承兑汇票
    D. 交易性金融资产

6. 某企业 2016 年 12 月 31 日无形资产账户余额为 500 万元，累计摊销账户余额为 200 万元，无形资产减值准备账户余额为 100 万元。该企业 2016 年 12 月 31 日资产负债表中无形资产项目的金额为（　　　）万元。

    A. 500
    B. 300
    C. 400
    D. 200

7. 下列项目在资产负债表中只需要根据某一个总分类账户就能填列的项目

是（　　）。

  A. 应收账款　　　　　　　　　B. 短期借款

  C. 预付款项　　　　　　　　　D. 预收款项

  8. 资产负债表中的"未分配利润"项目，应根据（　　）填列。

  A. "利润分配"科目余额

  B. "本年利润"科目余额

  C. "本年利润"和"利润分配"科目的余额计算后

  D. "盈余公积"科目余额

  9. 某企业 2016 年 12 月 31 日固定资产账户余额为 2 000 万元，累计折旧账户余额为 800 万元。固定资产减值准备账户余额为 100 万元，在建工程账户余额为 200 万元。该企业 2007 年 12 月 31 日资产负债表中固定资产项目的金额为（　　）万元。

  A. 1 200　　　　B. 90　　　　C. 1 100　　　　D. 2 200

  10. 下列资产负债表项目中，应根据多个总账科目余额计算填列的是（　　）

  A. 应付账款　　　　　　　　　B. 盈余公积

  C. 未分配利润　　　　　　　　D. 长期借款

  11. 某企业 2016 年发生的营业收入为 1 000 万元，营业成本为 600 万元，销售费用为 20 万元，管理费用为 50 万元，财务费用为 10 万元，投资收益为 40 万元，资产减值损失为 70 万元（损失），公允价值变动损益为 80 万元（收益），营业外收入为 25 万元，营业外支出为 15 万元。该企业 2016 年的营业利润为（　　）万元。

  A. 370　　　　B. 330　　　　C. 320　　　　D. 390

  12. 某企业"应收账款"科目月末借方余额 20 000 元，其中："应收甲公司账款"明细科目借方余额 35 000 元，"应收乙公司账款"明细科目贷方余额 15 000 元，"预收账款"科目月末贷方余额 15 000 元，其中："预收 A 工厂账款"明细科目贷方余额 25 000 元，"预收 B 工厂账款"明细科目借方余额 10 000 元。该企业月末资产负债表中"应收账款"项目的金额为（　　）元。

  A. 40 000　　　　B. 25 000　　　　C. 15 000　　　　D. 45 000

  13. 乙企业"原材料"科目借方余额 150 万元，"生产成本"科目借方余额 200 万元，"材料采购"科目借方余额 50 万元，"材料成本差异"科目贷方余额

30 万元，该企业期末资产负债表中"存货"项目应填列的金额为（　　）万元。

  A. 520   B. 370   C. 420   D. 390

  14. 某企业"应付账款"科目月末贷方余额 40 000 元，其中："应付甲公司账款"明细科目贷方余额 35 000 元，"应付乙公司账款"明细科目贷方余额 5 000 元，"预付账款"科目月末贷方余额 30 000 元，其中："预付 A 工厂账款"明细科目贷方余额 50 000 元，"预付 B 工厂账款"明细科目借方余额 20 000 元。该企业月末资产负债表中"应付账款"项目的金额为（　　）元。

  A. 90 000   B. 30 000   C. 40 000   D. 70 000

  15. 某企业期末"工程物资"科目的余额为 100 万元，"发出商品"科目的余额为 80 万元，"原材料"科目的余额为 100 万元，"材料成本差异"科目的借方余额为 10 万元。假定不考虑其他因素，该企业资产负债表中"存货"项目的金额为（　　）万元。

  A. 190   B. 180   C. 170   D. 290

  16. 在下列各项税金中，应在利润表中的"营业税金及附加"项目反映的是（　　）。

  A. 耕地占用税   B. 城市维护建设税

  C. 印花税   D. 土地增值税

  17. 某企业年末"应收账款"科目的借方余额为 300 万元，其中，"应收账款"明细账的借方余额为 400 万元，贷方余额为 100 万元，年末计提坏账准备后的"坏账准备"科目的贷方余额为 20 万元。假定不考虑其他应收款项计提坏账准备因素，该企业年末资产负债表中"应收账款"项目的金额为（　　）万元。

  A. 280   B. 300   C. 380   D. 400

  18. 下列资产负债表项目，根据有关总账科目余额填列的是（　　）。

  A. 货币资金   B. 应收票据

  C. 预收账款   D. 应收账款

  19. 支付的在建工程人员的工资属于（　　）产生的现金流量。

  A. 筹资活动   B. 经营活动

  C. 汇率变动   D. 投资活动

  20. 引起现金流量净额变动的项目是（　　）。

  A. 将现金存入银行

  B. 用银行存款购买 1 个月到期的债券

  C. 用固定资产抵偿债务

  D. 用银行存款清偿 20 万元的债务

21. 利润分配表中，"其他转入"项目反映（ ）。

  A. 企业实现的净利润   B. 本年利润补亏数额

  C. 年初未分配利润   D. 盈余公积补亏数额

22. 利润表是反映企业（ ）的会计报表。

  A. 一定期间内生产经营成果

  B. 一定时期内各种资产、负债和所有者权益各项目的增减变动

  C. 一定期间现金流入和流出

  D. 特定日期生产经营成果

23. 将于一年内到期的长期债券投资，在资产负债表中应（ ）

  A. 在"短期投资"项目下列示

  B. 在"长期投资"项目下列示

  C. 既在"短期投资"项目下列示，又在"长期投资"项目下列示

  D. 在流动资产类下单独设置"一年内到期的长期债券投资"项目加以反映

24. 企业利润表中的"主营业务税金及附加"不包括（ ）。

  A. 营业税   B. 消费税   C. 资源税   D. 增值税

25. 企业期末"生产成本"的借方余额，应作为资产负债表中的（ ）项目反映。

  A. 长期待摊费用 B. 生产成本   C. 在产品   D. 存货

26. 编制现金流量表时，企业的罚款收入应在（ ）项目反映。

  A. "销售商品、提供劳务收到的现金"

  B. "收到的其他与经营活动有关的现金"

  C. "支付的其他与经营活动有关的现金"

  D. "购买商品、接受劳务支付的现金"

27. 下列各项中，属于经营活动产生的现金流量的是（ ）

  A. 销售商品收到的现金   B. 发行债券收到的现金

  C. 发生筹资费用所支付的现金   D. 分得股利所收到的现金

28. （ ）在"支付给职工以及为职工支付的现金"项目中反映。

  A. 支付给企业销售人员的工资

  B. 支付的在建工程人员的工资

C. 企业支付的统筹退休金

D. 企业支付给未参加统筹的退休人员的费用

29. 应收票据贴现属于（　　　）。

    A. 经营活动产生的现金流量   B. 投资活动产生的现金流量

    C. 筹资活动产生的现金流量   D. 不涉及现金收支的筹资活动

30. 在下列事项中，（　　　）不影响企业的现金流量。

    A. 取得短期借款   B. 支付现金股利

    C. 偿还长期借款   D. 以固定资产对外投资

31. 企业偿还的长期借款利息，在编制现金流量表时，应作为（　　　）项目填列。

    A. 偿还债务所支付的现金

    B. 分配股利、利润或偿付利息所支付的现金

    C. 补充资料

    D. 偿还借款所支付的现金

32. 编制现金流量表时，本期退回的增值税应在（　　　）项目中反映。

    A. "支付的各项税费"

    B. "收到的税费返还"

    C. "支付的其他与经营活动有关的现金"

    D. "收到的其他与经营活动有关的现金"

33. 企业购买股票时，实际支付的价款中包含的已宣告但尚未领取的现金股利，应在（　　　）项目反映。

    A. "投资所支付的现金"

    B. "收到的其他与投资活动有关的现金"

    C. "支付的其他与投资活动有关的现金"

    D. "收回投资所收到的现金"

34. 企业收回购买股票实际支付的价款中包含的已宣告但尚未领取的现金股利时，应在（　　　）项目反映。

    A. "投资所支付的现金"

    B. "收到的其他与投资活动有关的现金"

    C. "支付的其他与投资活动有关的现金"

    D. "收回投资所收到的现金"

35. 企业发行股票筹集资金所发生的审计费用，应在现金流量表（   ）项目反映。

    A. "吸收投资所收到的现金"

    B. "支付的其他与筹资活动有关的现金"

    C. "偿还债务所支付的现金"

    D. "分配股利、利润或偿付利息所支付的现金"

36. 融资租入固定资产发生的租赁费应在（   ）中反映。

    A. 经营活动产生的现金流量　　　　B. 投资活动产生的现金流量

    C. 筹资活动产生的现金流量　　　　D. 补充资料

37. 下列各项中，会影响现金流量净额变动的是（   ）。

    A. 用原材料对外投资　　　　　　　B. 从银行提取现金

    C. 用现金支付购买材料款　　　　　D. 用固定资产清偿债务

38. 企业编制现金流量表时，代购代销业务收到的现金应在（   ）项目反映。

    A. "销售商品、提供劳务收到的现金"

    B. "收到的其他与经营活动有关的现金"

    C. "支付的其他与经营活动有关的现金"

    D. "购买商品、接受劳务支付的现金"

39. 下列项目中会减少企业现金流量的是（   ）。

    A. 购买固定资产　　　　　　　　　B. 长期待摊费用摊销

    C. 固定资产折旧　　　　　　　　　D. 固定资产盘亏

40. 企业去年销售的商品在本年退回所支付的现金应在现金流量表中（   ）项目反映。

    A. "销售商品、提供劳务收到的现金"

    B. "收到的其他与经营活动有关的现金"

    C. "支付的其他与经营活动有关的现金"

    D. "购买商品、接受劳务支付的现金"

41. 现金流量表中的现金流量正确的分类方法是（   ）。

    A. 经营活动、投资活动和筹资活动

    B. 现金流入、现金流出和非现金活动

    C. 直接现金流量和间接现金流量

D. 经营活动、投资活动及收款活动

42. 现金流量表及其补充资料不包括（　　）。

A. 披露不涉及现金的投资活动或筹资活动

B. 披露在会计期间内投资于证券市场的现金数额

C. 将净收益调整为经营活动现金流量的调节表

D. 在会计期末企业拥有的现金及现金等价物金额

43. 最关心企业的内在风险和报酬的财务会计报告使用者是（　　）。

A. 股东　　　　　　　　　　　　B. 债权人

C. 潜在投资者　　　　　　　　　D. 企业职工

44. 对计提坏账准备计提比例较低的，应在会计报表附注中说明理由。这里所说的计提比例较低，是指在（　　）以下。

A. 5%　　　　B. 3%　　　　C. 2%　　　　D. 1%

45. 企业财务情况说明书不包括（　　）。

A. 企业的生产经营情况　　　　　B. 盈亏情况及利润分配情况

C. 资本结构及其变动情况　　　　D. 会计报表重要项目注释

46. 现金流量表是以（　　）为基础编制的。

A. 现金　　　　　　　　　　　　B. 营运资金

C. 流动资金　　　　　　　　　　D. 全部资金

47. 会计报表不包括（　　）。

A. 资产负债表　　　　　　　　　B. 利润表

C. 现金流量表　　　　　　　　　D. 财务情况说明书

48. 资产负债表日后的非调整事项，应在（　　）披露。

A. 资产负债表　　　　　　　　　B. 现金流量表

C. 会计报表附注　　　　　　　　D. 财务情况说明书

49. 会计政策变更的内容和理由应在（　　）披露。

A. 资产负债表　　　　　　　　　B. 现金流量表

C. 会计报表附注　　　　　　　　D. 财务情况说明书

50. 编制现金流量表时，企业支付的销售人员的差旅费应在（　　）项目反映。

A. "购买商品、接受劳务支付的现金"

B. "支付给职工以及为职工支付的现金"

C. "支付的其他与经营活动有关的现金"

D. "销售商品、提供劳务所收到的现金"

51. （　　）需要根据备查登记簿记录填列。

A. 货币资金

B. 应收账款

C. 预收账款

D. 会计报表附注中的"已贴现的商业承兑汇票"

52. 对计提坏账准备计提比例较大的，应在会计报表附注中单独说明计提的比例及其理由。这里所说的计提比例较大，是指在（　　）以上。

A. 20%　　　　　　B. 30%　　　　　　C. 40%　　　　　　D. 50%

53. 企业计提的折旧（　　）。

A. 在投资活动的现金流量中反映

B. 在筹资活动的现金流量中反映

C. 在经营活动的现金流量中反映

D. 因不影响现金流量净额，所以不在上述三种活动的现金流量中反映

54. 会计报表中没有规定统一格式的报表是（　　）。

A. 汇总报表　　　　　　　　　　B. 动态报表

C. 内部报表　　　　　　　　　　D. 静态报表

55. 资产负债表中负债的排列顺序是按（　　）

A. 项目收益性　　　　　　　　　B. 项目重要性

C. 项目流动性　　　　　　　　　D. 项目时间性

56. 所有者权益内部各个项目按（　　）排列。

A. 重要性　　　　B. 稳定性　　　　C. 流动性　　　　D. 时间性

57. 关于利润分配表，下列说法中正确的是（　　）。

A. 只能是资产负债表的一部分

B. 只能是利润表的一部分

C. 只能是一张独立的会计报表

D. 可以是利润表的一部分，也可以是一张独立的会计报表

58. 资产负债表上的"应收票据"项目包括（　　）。

A. 已向银行贴现的应收票据　　　　B. 已背书转让的应收票据

C. 银行承兑汇票和商业承兑汇票　　D. 银行本票

59. "应收账款"科目所属明细科目期末有贷方余额,应在资产负债表(　　)项目内填列。

    A. "预收账款"　　　　　　　　　B. "预付账款"

    C. "应付账款"　　　　　　　　　D. "其他应付款"

60. "预付账款"科目所属明细科目期末有贷方余额,应在资产负债表(　　)项目内填列。

    A. "预付账款"　　　　　　　　　B. "应付账款"

    C. "预收账款"　　　　　　　　　D. "应收账款"

61. 下列各项中,不在"存货"项目中反映的是(　　)。

    A. 工程物资　　　　　　　　　　B. 分期收款发出商品

    C. 委托代销商品　　　　　　　　D. 原材料

62. 企业的(　　),不在资产负债表"货币资金"项目内反映。

    A. 银行汇票存款　　　　　　　　B. 银行本票存款

    C. 在途资金　　　　　　　　　　D. 有价证券

63. 资产负债表是反映企业(　　)的报表。

    A. 某一特定日期生产经营成果　　B. 一定期间的财务状况

    C. 某一特定日期财务状况　　　　D. 一定期间生产经营成果

64. 企业收到退回的增值税应在利润表中的(　　)项目反映。

    A. 补贴收入　　　　　　　　　　B. 营业外收入

    C. 其他业务收入　　　　　　　　D. 主营业务收入

65. 在编制现金流量表时,所谓的"直接法"和"间接法"是针对(　　)而言的。

    A. 投资活动的现金流量　　　　　B. 经营活动的现金流量

    C. 筹资活动的现金流量　　　　　D. 上述三种活动的现金流量

66. 某企业会计年度的期末应收账款所属明细账户借方余额之和为 500 800 元,所属明细账户贷方余额之和为 9 800 元,总账为借方余额 491 000 元。则在当期资产负债表中"应收账款"项目所列的数额为(　　)元。

    A. 500 800　　　B. 9 800　　　C. 491 000　　　D. 510 600

67. 资产负债表中负债和所有者权益是按(　　)顺序排列的。

    A. 权益　　　B. 流动性　　　C. 重要性　　　D. 时间性

二、多项选择题

1. 会计期末，企业结转"本年利润"的贷方余额时，应（　　）。

    A. 借记"本年利润"

    B. 贷记"利润分配——未分配利润"

    C. 借记"利润分配——未分配利润"

    D. 贷记"本年利润"

2. 财务情况说明书的主要内容包括（　　）。

    A. 企业的生产经营情况   B. 盈亏情况及利润分配情况

    C. 资金增减和周转情况   D. 资本结构及其变动情况

3. 会计报表附注中重要事项的揭示包括（　　）。

    A. 承诺或担保事项   B. 或有事项

    C. 资产负债表日后的非调整事项   D. 重要资产转让及其出售情况

4. 下列各项中，属于资产负债表日后非调整事项的有（　　）。

    A. 企业发行新的股票

    B. 企业对另一企业进行巨额投资

    C. 外汇汇率发生较大变动

    D. 董事会决定发放股票股利

5. 财务会计报告使用者包括（　　）。

    A. 投资者   B. 债权人

    C. 企业管理人员   D. 企业职工

6. 以低于账面价值的价格出售固定资产，将会（　　）。

    A. 对流动资产的影响大于对速动资产的影响

    B. 增加营运资金

    C. 减少当期损益

    D. 降低资产负债率

7. 下列各项中，应包括在资产负债表"存货"项目的有（　　）。

    A. 委托代销商品   B. 委托加工物资

    C. 正在加工中的在产品   D. 发出商品

8. 下列资产负债表项目中，根据总账科目余额直接填列的有（　　）。

A. 短期借款　　　　　　　　　　B. 实收资本

C. 应收票据　　　　　　　　　　D. 应收账款

9. 资产负债表中的"一年内到期的非流动负债"项目应当根据下列科目贷方余额分析填列（　　　）。

A. 长期借款　　　　　　　　　　B. 长期应付款

C. 应付账款　　　　　　　　　　D. 应付债券

10. 下列各资产负债表项目中，应根据明细科目余额计算填列的有（　　　）。

A. 应收票据　　　　　　　　　　B. 预收款项

C. 应收账款　　　　　　　　　　D. 应付账款

11. 下列各项中，对资产负债表的作用描述正确的有（　　　）。

A. 通过编制资产负债表可以反映企业资产的构成及其状况

B. 通过编制资产负债表可以分析企业的偿债能力

C. 通过编制资产负债表可以分析企业的获利能力

D. 通过编制资产负债表可以反映企业所有者权益的情况

12. 下列各项中，影响企业营业利润的项目有（　　　）。

A. 销售费用　　　　　　　　　　B. 管理费用

C. 投资收益　　　　　　　　　　D. 所得税费用

13. 下列项目中，属于资产负债表中"流动资产"项目的有（　　　）。

A. 预付款项　　　B. 应收票据　　　C. 预收款项　　　D. 存货

14. 资产负债表中的应付账款项目应根据（　　　）填列。

A. 应付账款所属明细账借方余额合计数

B. 应付账款总账余额

C. 预付账款所属明细账贷方余额合计数

D. 应付账款所属明细账贷方余额合计数

15. 资产负债表中"存货"项目的金额，应根据（　　　）账户的余额分析填列。

A. 生产成本　　　　　　　　　　B. 商品进销差价

C. 发出商品　　　　　　　　　　D. 材料采购

16. 下列各项中，影响营业利润的项目有（　　　）。

A. 已销商品成本　　　　　　　　B. 原材料销售收入

C. 出售固定资产净收益　　　　　D. 转让股票所得收益

17. 下列各项，可以通过资产负债表反映的有（   ）。

    A. 某一时点的财务状况   B. 某一时点的偿债能力

    C. 某一期间的经营成果   D. 某一期间的获利能力

18. 下列各项中，属于筹资活动产生的现金流量的有（   ）。

    A. 支付的现金股利   B. 取得短期借款

    C. 增发股票收到的现金   D. 偿还公司债券支付的现金

19. 下列交易和事项中，不影响当期经营活动产生的现金流量的有（   ）。

    A. 用产成品偿还短期借款   B. 支付管理人员工资

    C. 收到被投资单位利润   D. 支付各项税费

20. 下列各项，属于我国现金流量表中现金的有（   ）。

    A. 银行存款   B. 银行汇票存款

    C. 库存现金   D. 现金等价物

21. 下列各项中，属于现金流量表中投资活动产生的现金流量的有（   ）。

    A. 购建固定资产支付的现金

    B. 转让无形资产所有权收到的现金

    C. 购买三个月内到期的国库券支付的现金

    D. 收到分派的现金股利

22. 下列资产中，属于流动资产的有（   ）。

    A. 交易性金融资产   B. 一年内到期的非流动资产

    C. 预付款项   D. 开发支出

23. （   ）属于筹资活动产生的现金流量。

    A. 借款收到的现金

    B. 用固定资产清偿债务

    C. 偿付利息所支付的现金

    D. 取得债券利息收入所收到的现金

24. 企业会计报表附注应包括（   ）。

    A. 不符合基本会计假设的说明   B. 主要的会计政策

    C. 会计报表项目注释   D. 分部情况

25. "收回投资所收到的现金"项目反映（   ）。

    A. 企业出售长期股权投资收到的现金

    B. 企业收回长期债权投资本金收到的现金

C. 企业收回长期债权投资利息收到的现金

D. 企业收回用于长期投资的固定资产

26. 下列各项中,属于筹资活动产生的现金流量的有 ( )。

    A. 购买固定资产所支付的现金   B. 工程交付使用前的利息支出

    C. 融资租赁所支付的现金   D. 经营租赁所支付的现金

27. ( ) 不会影响现金流量净额的变动。

    A. 将现金存入银行   B. 用现金对外投资

    C. 用存货清偿债务   D. 用原材料对外投资

28. 下列各项中,影响经营活动现金流量的项目有 ( )。

    A. 发行长期债券收到的现金   B. 偿还应付购货款

    C. 支付生产工人工资   D. 支付所得税

29. 下列各项中,影响投资活动现金流量的项目有 ( )。

    A. 以存款购买设备   B. 购买三个月到期的短期债券

    C. 购买股票   D. 取得债券利息和现金股利

30. 下列各项中,影响筹资活动现金流量的项目有 ( )。

    A. 支付借款利息

    B. 融资租入固定资产支付的租赁费

    C. 支付各项税费

    D. 发行债券收到的现金

31. 下列各项中,属于经营活动产生的现金流量的有 ( )

    A. 支付的所得税款

    B. 购买机器设备所支付的增值税款

    C. 购买土地使用权支付的耕地占用税

    D. 支付的印花税

32. 企业"处置固定资产、无形资产或其他长期资产所收回的现金"项目反映 ( )。

    A. 企业处置固定资产所收回的现金

    B. 企业处置无形资产所收回的现金

    C. 企业处置其他长期资产所收回的现金

    D. 企业由于自然灾害所造成的固定资产等长期资产损失而收到的保险赔偿收入

33. "投资所支付的现金"项目反映（　　）。

    A. 企业取得长期股权投资所支付的现金

    B. 企业取得长期股权投资所支付的佣金

    C. 企业取得长期股权投资所支付的手续费

    D. 企业取得长期债权投资所支付的现金

34. 企业"偿还债务所支付的现金"项目反映（　　）。

    A. 偿还借款本金　　　　　　　　　B. 偿还债券本金

    C. 偿还借款利息　　　　　　　　　D. 偿还债券利息

35. "不涉及现金收支的投资活动和筹资活动"需列示（　　）。

    A. "债务转为资本"

    B. "一年内到期的可转换公司债券"

    C. "融资租入固定资产"

    D. "从银行提取现金"

36. 企业披露的会计政策包括（　　）。

    A. 企业会计制度　　　　　　　　　B. 会计期间

    C. 记账本位币　　　　　　　　　　D. 固定资产折旧方法

37. 下列各项中，属于投资活动产生现金流量的有（　　）

    A. 支付的所得税款

    B. 取得债券利息收入所收到的现金

    C. 支付给职工以及为职工支付的现金

    D. 购建固定资产所支付的现金

38. 下列属于企业负债项目的有（　　）。

    A. 预付账款　　　　　　　　　　　B. 待摊费用

    C. 预提费用　　　　　　　　　　　D. 预收账款

39. 当企业会计政策、会计估计发生变更时，应在会计报表附注披露
（　　）。

    A. 会计政策变更的内容和理由

    B. 会计政策变更的影响数

    C. 会计估计变更的影响数

    D. 会计估计变更的影响数不能合理确定的理由

40. 企业"支付的其他与筹资活动有关的现金"项目反映（　　）。

A. 现金捐赠支出

B. 融资租入固定资产支付的租赁费

C. 计提的资产减值准备

D. 固定资产计提折旧

41. 企业的现金流量分为（　　　）。

    A. 经营活动的现金流量   B. 投资活动的现金流量

    C. 筹资活动的现金流量   D. 借款活动的现金流量

42. 在企业与关联方发生交易的情况下，企业应当在会计报表附注中披露（　　　）。

    A. 关联方关系的性质

    B. 交易的类型

    C. 交易金额

    D. 未结算项目的金额或相应比例

43. "短期投资"项目反映企业（　　　）。

    A. 持有时间不超过 1 年的股票   B. 持有时间不超过 1 年的债券

    C. 持有时间不超过 1 年的基金   D. 1 年内到期的委托贷款

44. 资产负债表中的"应收票据"项目包括（　　　）。

    A. 商业承兑汇票   B. 银行承兑汇票

    C. 银行汇票   D. 银行本票

45. 资产负债表中"长期待摊费用"反映（　　　）。

    A. 企业租入固定资产改良支出

    B. 固定资产大修理支出

    C. 摊销期限在 1 年以上的其他待摊费用

    D. 摊销期限在 1 年以下的其他待摊费用

46. "在建工程"项目反映的内容包括（　　　）。

    A. 交付安装的设备价值

    B. 预付出包工程的价款

    C. 未完建筑安装工程已耗用的材料、工资和费用支出

    D. 已建筑完毕但尚未交付使用的工程等的可收回金额

47. 利润表的各项目均需填列（　　　）两栏。

    A. 年初数   B. 期末数

C. 本月数　　　　　　　　　　　　　D. 本年累计数

48. "主营业务税金及附加"项目反映（　　　）。

　　A. 营业税　　　　　　　　　　　　B. 消费税

　　C. 城市维护建设税　　　　　　　　D. 增值税

49. 下列项目中，属于利润分配表项目的有（　　　）。

　　A. 提取职工奖励及福利基金　　　　B. 提取储备基金

　　C. 提取企业发展基金　　　　　　　D. 利润归还投资

50. 支付的其他与经营活动有关的现金包括（　　　）。

　　A. 支付的某些管理费用　　　　　　B. 支付给生产工人的补贴

　　C. 支付的某些营业费用　　　　　　D. 支付的主营业务税金及附加

51. 现金流量表中的现金包括（　　　）。

　　A. 库存现金　　　　　　　　　　　B. 银行存款

　　C. 其他货币资金　　　　　　　　　D. 现金等价物

52. 下列说法中正确的有（　　　）。

　　A. 用直接法编制现金流量表

　　B. 在补充材料中按间接法将净利润调为经营活动的现金流量

　　C. 在补充材料中按直接法将净利润调为经营活动的现金流量

　　D. 用间接法编制现金流量表

53. "销售商品、提供劳务收到的现金"反映（　　　）。

　　A. 本期销售商品、提供劳务收到的现金

　　B. 前期销售商品本期收到的现金

　　C. 前期提供劳务本期收到的现金

　　D. 本期预收的账款

54. "收到的税费返还"项目反映企业收到的返还的各种税金，包括（　　　）。

　　A. 增值税　　　　B. 消费税　　　　C. 营业税　　　　　D. 所得税

55. "收到的其他与经营活动有关的现金"项目反映（　　　）。

　　A. 罚款收入

　　B. 流动资产损失中由个人赔偿的现金收入

　　C. 企业代购代销业务收到的现金

　　D. 企业销售材料收到的现金

56. "购买商品、接受劳务支付的现金"项目反映（　　　）。

A. 本期购入商品支付的价款

B. 本期购入商品支付的进项税额

C. 本期支付前期购入商品的未付款项

D. 本期预付款项

57. "支付给职工以及为职工支付的现金"项目不反映（　　）。

A. 企业生产工人的工资

B. 在建工程人员的工资

C. 支付的退休统筹金

D. 支付的未参加统筹的退休人员的费

58. 下列关于利润分配表的说法中正确的有（　　）。

A. 它是会计报表中的主表

B. 它是利润表的附表

C. 它是根据"本年利润"和"利润分配"科目及所属明细科目的记录分析填列的

D. 通过它可以了解企业的利润分配水平

59. "货币资金"项目包括（　　）。

A. 库存现金
B. 银行汇票存款

C. 银行本票存款
D. 商业汇票

60. 在存在控制关系的情况下，关联方如为企业时，不论他们之间有无交易都应在会计报表附注中披露（　　）。

A. 企业经济性质或类型、名称、法定代表人

B. 企业的主营业务

C. 持有股份或权益的变化

D. 注册地、注册资本及其变化

61. 会计报表重要项目注释中的"重要项目"包括（　　）。

A. 应收账款
B. 存货

C. 对外投资
D. 固定资产

62. 下列各项中，不包括在期末资产负债表"固定资产原值"项目中的有（　　）

A. 经营租入固定资产原值
B. 融资租入固定资产原值

C. 已结转的盘亏固定资产原值
D. 已结转的清理固定资产原值

63. 会影响资产负债表中"存货"项目金额的是（　　　）
    A. "材料采购"　　　　　　　　　　B. "分期收款发出商品"
    C. "生产成本"　　　　　　　　　　D. "材料成本差异"

64. 资产负债表"存货"项目反映的内容有（　　　）。
    A. 分期收款发出商品　　　　　　　B. 委托代销商品
    C. 受托代销商品　　　　　　　　　D. 生产成本

65. 资产负债表的资料来源有（　　　）。
    A. 总账余额　　　　　　　　　　　B. 明细账余额
    C. 备查登记簿记录　　　　　　　　D. 银行对账单

66. 财务会计报告可以分为（　　　）。
    A. 年度　　　　　　B. 半年度　　　　　　C. 季度　　　　　　D. 月度

67. 会计报表包括（　　　）。
    A. 资产负债表　　　　　　　　　　B. 利润表
    C. 现金流量表　　　　　　　　　　D. 相关附表

68. 财务会计报告包括（　　　）。
    A. 会计报表　　　　　　　　　　　B. 会计报表附注
    C. 财务情况说明书　　　　　　　　D. 预算报告

三、判断题

1. "长期借款"项目，根据"长期借款"总账科目余额填列。　　　　（　　　）

2. 利润表是指反映企业在一定会计期间的经营成果的报表。　　　（　　　）

3. 资产负债表中的应收账款项目应根据"应收账款"所属明细账借方余额合计数、"预收账款"所属明细账借方余额合计数和"坏账准备"总账的贷方余额计算填列。　　　　　　　　　　　　　　　　　　　　　　（　　　）

4. 增值税应在利润表的"营业税金及附加"项目中反映。　　　（　　　）

5. "应付职工薪酬"项目，反映企业根据有关规定应付给职工的工资、职工福利、社会保险费、住房公积金、工会经费、职工教育经费，但不包括非货币性福利、辞退福利等薪酬。　　　　　　　　　　　　　　　　　（　　　）

6. 外商投资企业按规定从净利润中提取的职工奖励及福利基金应在"应付职工薪酬"项目列示。　　　　　　　　　　　　　　　　　　（　　　）

7. "预收款项"项目应根据"预收账款"和"应收账款"科目所属各明细科目的期末贷方余额合计数填列。如"预收账款"科目所属各明细科目期末有借方余额，应在资产负债表"应付账款"项目内填列。（　　）

8. "应付账款"项目应根据"应付账款"和"预付账款"科目所属各明细科目的期末贷方余额合计数填列；如"应付账款"科目所属明细科目期末有借方余额的，应在资产负债表"预付款项"项目内填列。（　　）

9. "预付账款"科目所属各明细科目期末有贷方余额的，应在资产负债表"应收账款"项目内填列。（　　）

10. 资产负债表中"应付账款"、"预付款项"项目应直接根据该科目的总账余额填列。（　　）

11. 资产负债表中确认的资产都是企业拥有的。（　　）

12. 资产负债表中"应付账款"项目应根据"应付账款"和"预收账款"所属明细账贷方余额合计填列。（　　）

13. 如果固定资产清理科目出现借方余额，应在资产负债表"固定资产清理"项目中以负数填列。（　　）

14. 资产负债表中的"长期待摊费用"项目应根据"长期待摊费用"科目的期末余额直接填列。（　　）

15. "利润分配"总账的年末余额不一定与相应的资产负债表中未分配项目的数额一致。（　　）

16. 企业资产负债表上的"货币资金"项目只包括现金和银行存款。（　　）

17. 企业应收其他单位的利润应在"应收股利"反映。（　　）

18. 企业 1 年内到期的委托贷款，减去计提的减值准备后的净额在"短期投资"项目反映。（　　）

19. 所有者权益内部各个项目按照各项目的稳定程度而依次排列。（　　）

20. 企业在编制年度财务会计报告前，应当全面清查资产，核实债务。（　　）

21. 委托代销商品应在资产负债表的"存货"项目列示。（　　）

22. 将于一年内到期的长期负债，应在资产负债表的"一年内到期的长期负债"项目单独反映。（　　）

23. 企业销售商品，预收的账款不在"销售商品、提供劳务收到的现金"项目反映。（　　）

24. 我国《企业会计准则——现金流量表》在要求企业按间接法编制现金流量表的同时，还要求企业在补充资料中按直接法将净利润调节为经营活动的现金流量。　　　　　　　　　　　　　　　　　　　　　　　　　　（　　）

25. 作为现金流量表编制基础的现金是指现金及现金等价物。　　（　　）

26. 企业一定期间的现金流量可分为经营活动的现金流量、投资活动的现金流量和筹资活动的现金流量。　　　　　　　　　　　　　　（　　）

27. 企业利润分配表中的"提取职工奖励及福利基金"项目反映外商投资企业按规定提取的职工奖励及福利基金。　　　　　　　　　　　（　　）

28. 现金流量表是反映企业一定时期现金及其等价物流入和流出的报表。
　　　　　　　　　　　　　　　　　　　　　　　　　　　　　（　　）

29. 企业本期应交的增值税在利润表中的"主营业务税金及附加"反映。
　　　　　　　　　　　　　　　　　　　　　　　　　　　　　（　　）

30. 通常，利润表的各项目只需填列"本年累计数"即可。　　　（　　）

31. 资产负债表上的"递延税款借项"项目，反映企业尚未转销的递延税款借方余额。　　　　　　　　　　　　　　　　　　　　　　　（　　）

32. 资产负债表上的"长期应付款"项目，应根据"长期应付款"科目的期末余额，减去"未确认融资费用"科目期末余额后的金额填列。　（　　）

33. 预提费用的期末借方余额应在"待摊费用"项目反映。　　　（　　）

34. 企业前期销售本期退回的商品支付的现金应在"支付的其他与经营活动有关的现金"项目反映。　　　　　　　　　　　　　　　　　（　　）

35. 企业分得的股票股利可在"取得投资收益所收到的现金"项目反映。
　　　　　　　　　　　　　　　　　　　　　　　　　　　　　（　　）

36. 我国企业会计制度规定，我国企业的利润表采用多步式。　　（　　）

37. 融资租入固定资产支付的租赁费，在经营活动产生的现金流量反映。
　　　　　　　　　　　　　　　　　　　　　　　　　　　　　（　　）

38. 企业应在会计报表附注中详细说明企业的盈亏情况和利润分配情况。
　　　　　　　　　　　　　　　　　　　　　　　　　　　　　（　　）

39. 企业重大的投资和融资活动应在会计报表附注中披露。　　　（　　）

40. 披露会计政策是会计报表附注的主要内容之一。　　　　　　（　　）

41. "债务转为资本"项目应在现金流量表的补充资料中填列。　（　　）

42. "企业捐赠现金支出"应在"支付的其他与筹资活动有关的现金"项目

中反映。　　　　　　　　　　　　　　　　　　　　（　　）

43. 企业预交的营业税应在"支付的其他与经营活动有关的现金"项目反映。　　　　　　　　　　　　　　　　　　　　　　　　（　　）

44. 企业收回长期债权投资本息所收到的现金应在"收回投资所收到的现金"项目反映。　　　　　　　　　　　　　　　　　　　　　　（　　）

45. 企业收到退还的所得税税金应在"收到的其他与经营活动有关的现金"项目中反映。　　　　　　　　　　　　　　　　　　　　　（　　）

46. 如"应收账款"科目所属明细科目期末有贷方余额，应在资产负债表"预收账款"项目列示。　　　　　　　　　　　　　　　　　（　　）

47. 企业用现金支付的业务招待费应在"支付的其他与经营活动有关的现金"项目反映。　　　　　　　　　　　　　　　　　　　　（　　）

48. 企业购入到期还本付息的长期债券应收的利息，在资产负债表"应收利息"项目反映。　　　　　　　　　　　　　　　　　　　（　　）

49. 企业实际支付的罚款支出应在"支付的其他与经营活动有关的现金"项目反映。　　　　　　　　　　　　　　　　　　　　　　（　　）

50. 企业购置固定资产，实际支付的计入固定资产成本的耕地占用税应在"支付的各项税费"项目反映。　　　　　　　　　　　　　　（　　）

51. 企业支付给企业行政管理人员的工资应在"支付给职工以及为职工支付的现金"项目反映。　　　　　　　　　　　　　　　　　（　　）

52. 企业购买商品同时支付的增值税进项税税金应在"支付的其他与经营活动有关的现金"项目反映。　　　　　　　　　　　　　　（　　）

53. 企业购买债券时，实际支付的价款中包含已到付息期但尚未领取的债券利息，应在"投资所支付的现金"项目反映。　　　　　　（　　）

54. 我国财务会计制度规定，资产负债表的结构采用报告式结构。（　　）

55. 企业租入固定资产改良支出应在"待摊费用"项目反映。（　　）

56. 企业已贴现的商业承兑汇票也应在企业的"应收票据"项目中反映。

　　　　　　　　　　　　　　　　　　　　　　　　　　（　　）

57. 财务会计报告就是会计报表。　　　　　　　　　　　　（　　）

58. 企业财务会计报告的使用者只有投资者和债权人。　　　（　　）

59. 资产负债表是反映企业某一时期内财务状况的会计报表。（　　）

60. 资产负债表中资产内部的项目按流动性的大小或变现能力的强弱进行

排列。 （ ）

61. 资产负债表中，负债列于所有者权益之后。 （ ）

62. "应收票据"项目反映的票据包括银行汇票和商业汇票。 （ ）

63. 资产负债表各项目只需填列"期末数"一栏即可。 （ ）

64. 备查登记簿记录是企业编制资产负债表的一项资料来源。 （ ）

四、实训练习

1. 甲公司2017年度"主营业务收入"科目的贷方发生额为5 000万元，借方发生额为100万元（系10月发生的购买方退货）；"其他业务收入"科目的贷方发生额为300万元；"主营业务成本"科目的借方发生额为4 000万元，2017年10月10日，收到购买方退货，其成本为60万元；"其他业务成本"科目借方发生额为200万元；2017年12月10日，收到销售给某单位的一批产品，由于质量问题被退回，其收入为60万元，成本为40万元。

要求：根据上述资料，计算利润表中的营业收入和营业成本项目金额。

2. 甲公司2017年12月31日结账后有关科目余额如下所示：

科目名称	借方余额	贷方余额
应收账款	600	40
坏账准备——应收账款		80
预收账款	100	800
应付账款	20	400
预付账款	320	60

要求：根据上述资料，计算资产负债表中下列项目的金额：（1）应收账款；（2）预付款项；（3）应付款项；（4）预收款项。

3. 乙公司2017年12月31日有关资料如下：

（1）长期借款资料：

借款起始日期	借款期限（年）	金额（万元）
2017年1月1日	3	300
2015年1月1日	5	600
2014年6月1日	4	450

（2）"长期待摊费用"项目的期末余额为50万元，将于一年内摊销的数额为20万元。

要求：根据上述资料，计算资产负债表中下列项目的金额：

（1）长期借款；

（2）长期借款中应列入"一年内到期的非流动负债"项目的金额；

（3）长期待摊费用；

（4）长期待摊费用中应该列入"一年内到期的非流动资产"项目的金额。

4. 某工业企业为增值税一般纳税企业，适用的增值税税率为17%，所得税税率为25%。该企业2017年度有关资料如下：

（1）本年度内发出产品50 000件，其中对外销售45 000件，其余为在建工程领用。该产品销售成本每件为12元，销售价格每件为20元。

（2）本年度内计入投资收益的债券利息收入为30 000元，其中，国债利息收入为2 500元。

（3）本年度内发生管理费用50 000元，其中企业公司管理人员工资费用25 000元，业务招待费20 000元。按税法规定可在应纳税所得额前扣除的管理人员工资费用为20 000元，业务招待费15 000元。

（4）本年度内补贴收入3 000元（计入当期营业外收入）。按税法规定应交纳所得税。

要求：计算该企业2017年利润表中有关项目的金额：（1）营业利润；（2）利润总额；（3）本年度应交所得税；（4）净利润。

5. 丁公司截至2017年12月31日有关科目发生额如下：

科目名称	借方发生额（万元）	贷方发生额（万元）
主营业务收入	150	4 500
主营业务成本	2 400	120
其他业务收入		300
其他业务成本	225	
营业税金及附加	150	
销售费用	75	
管理费用	270	
财务费用	30	

续表

科目名称	借方发生额（万元）	贷方发生额（万元）
资产减值损失	240	15
公允价值变动损益	60	105
投资收益	90	150
营业外收入		135
营业外支出	60	
所得税费用	450	

要求：根据上述资料，编制丁公司 2017 年度利润表。

利润表

编制单位：丁公司　　　　　　　　　2017 年度　　　　　　　　　单位：万元

项目	本期金额
一、营业收入	
减：营业成本	
营业税金及附加	
销售费用	
管理费用	
财务费用	
资产减值损失	
加：公允价值变动收益（损失以"－"号填列）	
投资收益（损失以"－"号填列）	
二、营业利润（亏损以"－"号填列）	
加：营业外收入	
减：营业外支出	
三、利润总额（亏损总额以"－"号填列）	
减：所得税费用	
四、净利润（净亏损以"－"号填列）	

6. 某企业"应收账款"科目月末借方余额 40 000 元，其中"应收甲公司账

款"明细科目借方余额 60 000 元,"应收乙公司账款"明细科目贷方余额 20 000 元,"预收账款"科目月末贷方余额 15 000 元,其中"预收 A 厂账款"明细科目贷方余额 25 000 元,"预收 B 厂账款"明细科目借方余额 10 000 元,计算该企业月末资产负债表"应收账款"项目的金额为多少。

7. 某企业"应收账款"明细账借方余额为 160 000 元,贷方余额为 70 000 元,坏账准备为 500 元。计算资产负债表中"应收账款净额"项目的数额。

8. 某公司发生如下经济业务:

(1) 公司分得现金股利 10 万元;

(2) 用银行存款购入不需要安装的设备一台,全部价款为 35 万元;

(3) 出售设备一台,原值为 100 万元,折旧 45 万元,出售收入为 80 万元,清理费用 5 万元,设备已清理完毕,款项已存入银行;

(4) 计提短期借款利息 5 万元,计入预提费用。

要求:计算该企业投资活动现金流量净额。

9. 某公司发生如下经济业务:

(1) 销售产品一批,成本为 250 万元,售价为 400 万元,增值税发票注明税款 68 万元,货已发出,款已入账;

(2) 出口产品一批,成本为 100 万元,售价为 200 万元,当期收到货款及出口退税 18 万元;

(3) 收回以前年度应收账款 20 万元,存入银行;

要求计算该公司本期现金流量表中"销售商品、提供劳务收到的现金"的金额。

10. 甲公司为增值税一般纳税企业,适用的增值税税率为 17%,适用的企业所得税税率为 25%。商品销售价格中均不含增值税额。按每笔销售业务分别结转销售成本,2017 年 6 月,甲公司发生的经济业务及相关资料如下:

(1) 向 A 公司销售商品一批。该批商品的销售价格为 600 000 元,实际成本为 350 000 元。商品已经发出,开具了增值税专用发票,并收到购货方签发并承兑的不带息商业承兑汇票一张,面值 702 000 元。

(2) 委托 B 公司代销商品 1 000 件。代销合同规定甲公司按已售商品售价的 5% 向 B 公司支付手续费,该批商品的销售价格为 400 元/件,实际成本为 250 元/件。甲公司已将该批商品交付 B 公司。

(3) 甲公司月末收到了 B 公司的代销清单。B 公司已将代销的商品售出

1 000 件，款项尚未支付给甲公司，甲公司向 B 公司开具了增值税专用发票，并按合同规定确认了应向 B 公司支付的代销手续费。

（4）以交款提货方式向 C 公司销售商品一批。该批商品的销售价格为 100 000 元，实际成本为 60 000 元，提货单和增值税专用发票已交 C 公司，收到款项存入银行。

（5）6 月 30 日，持有的交易性金融资产公允价值上升 50 000 元。

（6）6 月 30 日，计提存货跌价准备 50 000 元。

（7）除上述经济业务外，甲公司 6 月有关损益类账户的发生额如下：

单位：元

账户名称	借方发生额	贷方发生额
其他业务收入		30 000
其他业务成本	20 000	
营业税金及附加	15 000	
管理费用	60 000	
财务费用	22 000	
营业外收入		70 000
营业外支出	18 000	

（8）计算本月应交所得税（假定甲公司不存在纳税调整因素）。

要求：（1）编制甲公司上述（1）~（6）和（8）项经济业务相关的会计分录（"应交税费"科目要求写出明细科目及专栏）。

（2）编制甲公司 6 月的利润表。

参 考 答 案

一、单项选择题

1. C；2. D；3. C；4. C；5. A；6. D；7. B；8. C；9. C；10. C；11. A；
12. D；13. B；14. A；15. A；16. B；17. C；18. A；19. D；20. D；21. D；
22. A；23. D；24. D；25. D；26. B；27. A；28. A；29. A；30. D；31. B；

32. B；33. C；34. B；35. B；36. C；37. C；38. A；39. A；40. A；41. A；

42. B；43. A；44. A；45. D；46. A；47. D；48. C；49. C；50. C；51. D；

52. C；53. D；54. C；55. C；56. B；57. D；58. C；59. A；60. B；61. A；

62. D；63. C；64. A；65. B；66. A；67. A

二、多项选择题

1. AB；2. ABCD；3. ABCD；4. ABCD；5. ABCD；6. BC；7. ABCD；

8. AB；9. ABD；10. BCD；11. ABD；12. ABC；13. ABD；14. CD；15. ABCD；

16. ABD；17. AB；18. ABCD；19. AC；20. ABCD；21. ABD；22. ABC；

23. AC；24. AB；25. ABCD；26. BC；27. ACD；28. BCD；29. ACD；30. ABD；

31. AD；32. ABCD；33. ABCD；34. AB；35. ABC；36. ABCD；37. BD；

38. CD；39. ABCD；40. AB；41. ABC；42. ABCD；43. ABCD；44. AB；

45. ABC；46. ABCD；47. CD；48. ABC；49. ABCD；50. AC；51. ABCD；

52. AB；53. ABCD；54. ABCD；55. AB；56. ABCD；57. BCD；58. BCD；

59. ABC；60. ABCD；61. ABCD；62. ACD；63. ABCD；64. ABCD；65. ABC；

66. ABCD；67. ABCD；68. ABC

三、判断题

1. ×；2. √；3. ×；4. ×；5. ×；6. √；7. ×；8. √；9. ×；10. ×；11. ×；

12. ×；13. ×；14. ×；15. ×；16. ×；17. ×；18. √；19. √；20. √；21. √；

22. √；23. ×；24. ×；25. √；26. √；27. √；28. √；29. ×；30. ×；31. √；

32. √；33. √；34. ×；35. ×；36. √；37. ×；38. ×；39. √；40. √；41. √；

42. √；43. ×；44. ×；45. ×；46. √；47. √；48. ×；49. √；50. ×；51. √；

52. ×；53. ×；54. ×；55. ×；56. ×；57. ×；58. ×；59. ×；60. √；61. ×；

62. ×；63. ×；64. √

四、实训练习

1. （1）"营业收入"项目金额 $=5\,000-100+300-60=5\,140$（万元）。

（2）"营业成本"项目金额 $=4\,000-60+200-40=4\,100$（万元）。

2. "应收账款"项目金额 $=600+100-80=620$（万元）

"预付款项"项目金额 $=320+20=340$（万元）

"应付款项"项目金额 $=400+60=460$（万元）

"预收款项"项目金额 $=800+40=840$（万元）

3. （1）"长期借款"项目金额 $=(300+600+450)-450=900$（万元）

（2）长期借款中应列入"一年内到期的非流动负债"项目的金额 = 450（万元）

（3）"长期待摊费用"项目金额 = 50 - 20 = 30（万元）

（4）长期待摊费用中应该列入"一年内到期的非流动资产"项目的金额 = 20（万元）

4. 该企业 2017 年利润表中有关项目的金额为：

（1）营业利润 = 45 000 × (20 - 12) + 30 000 - 50 000 = 340 000（元）

（2）利润总额 = 340 000 + 3 000 = 343 000（元）

（3）本年应交所得税 = [343 000 - 2 500 + (25 000 - 20 000) + (20 000 - 15 000)] × 25% = 87 625（元）

（4）净利润 = 343 000 - 87 625 = 255 375（元）

5. 利润表

编制单位：丁公司　　　　　　　2017 年度　　　　　　　单位：万元

项目	本期金额
一、营业收入	4 650
减：营业成本	2 505
营业税金及附加	150
销售费用	75
管理费用	270
财务费用	30
资产减值损失	225
加：公允价值变动收益（损失以"-"号填列）	45
投资收益（损失以"-"号填列）	60
二、营业利润（亏损以"-"号填列）	1 500
加：营业外收入	135
减：营业外支出	60
三、利润总额（亏损总额以"-"号填列）	1 575
减：所得税费用	450
四、净利润（净亏损以"-"号填列）	1 125

6. "应收账款"项目金额 = 60 000 + 10 000 = 70 000（元）

7. 应收账款净额 = 160 000 – 500 = 159 500（元）。

8. 分得股利或利润所收到的现金 = 100 000（元）；

处置固定资产而收到的现金净额 = 800 000 – 50 000 = 750 000（元）；

购建固定资产所支付的现金 = 350 000（元）。

投资活动现金流量净额 = 750 000 + 100 000 – 350 000 = 500 000（元）。

9. 销售商品、提供劳务收到的现金 = 400 + 200 + 20 + 68 = 688（万元）。

10.（1）编制会计分录：

①销售商品：

借：应收票据	702 000	
贷：主营业务收入		600 000
应交税费——应交增值税（销项税额）		102 000

结转成本：

借：主营业务成本	350 000	
贷：库存商品		350 000

②交付 B 公司委托代销的商品时：

借：委托代销商品	250 000	
贷：库存商品		250 000

③收到 B 公司交来的代销清单时：

借：应收账款	468 000	
贷：主营业务收入		400 000
应交税费——应交增值税（销项税额）		68 000
借：销售费用	20 000	
贷：应收账款		20 000
借：主营业务成本	250 000	
贷：委托代销商品		250 000

④交款提货方式销售商品时：

借：银行存款	117 000	
贷：主营业务收入		100 000
应交税费——应交增值税（销项税额）		17 000
借：主营业务成本	60 000	
贷：库存商品		60 000

⑤交易性金融资产公允价值上升：

借：交易性金融资产——公允价值变动   50 000

    贷：公允价值变动损益   50 000

⑥计提存货跌价准备：

借：资产减值损失   50 000

    贷：存货跌价准备   50 000

⑧本月应交所得税＝（600 000＋400 000＋100 000＋50 000＋30 000＋70 000）－（350 000＋20 000＋250 000＋60 000＋50 000＋20 000＋15 000＋60 000＋22 000＋18 000）×25％＝385 000×25％＝96 250（元）

借：所得税费用   96 250

    贷：应交税费——应交所得税   96 250

（2）编制利润表：

利润表

编制单位：甲公司   2017 年 6 月   单位：元

项目	本期金额
一、营业收入	1 130 000
减：营业成本	680 000
营业税金及附加	15 000
销售费用	20 000
管理费用	60 000
财务费用	22 000
资产减值损失	50 000
加：公允价值变动收益（损失以"－"号填列）	50 000
投资收益（损失以"－"号填列）	
二、营业利润（亏损以"－"号填列）	333 000
加：营业外收入	70 000
减：营业外支出	18 000
三、利润总额（亏损总额以"－"号填列）	385 000
减：所得税费用	96 250
四、净利润（净亏损以"－"号填列）	288 750

第十章 内部会计控制

一、单项选择题

1. 内部控制的目标是合理保证企业经营管理合法合规、资产安全、财务报告及相关信息真实完整，提高经营效率和效果，促进企业实现发展战略。则下列说法中不正确的是（　　）。

　　A. 企业安全——严禁企业违法经营或非法获利

　　B. 资产安全——企业现金资产和实物资产安全

　　C. 信息安全——财务报告及信息的真实和完整

　　D. 效率效果——促进实现发展战略是终极目标

2. 企业对"三重一大"事项实行集体决策和联签制度，下列关于"三重一大"的说法中错误的是（　　）。

　　A. 重大事项的决策　　　　　　　　B. 重要干部的任免

　　C. 重要项目的安排　　　　　　　　D. 小额资金的使用

3. 下列关于内部控制要素的选项中对应关系正确的是（　　）。

　　A. 内部环境是重要基础

　　B. 风险评估是具体方式

　　C. 控制活动是重要环节

　　D. 内部监督是重要条件

4. 企业对超出风险承受度的风险，通过放弃或停止与该风险相关的业务活动以避免和减轻损失的策略，这种风险应对方式是（　　）。

　　A. 风险规避　　　　　　　　　　　B. 风险降低

　　C. 风险分担　　　　　　　　　　　D. 风险承受

5. 内部控制缺陷包括设计缺陷和（　　）缺陷。

    A. 重大 　　　　　　 B. 一般 　　　　　　 C. 运行 　　　　　　 D. 重要

6. 下列各项中，不属于人力资源管理中的主要风险的是（　　）。

    A. 人力资源缺乏或过剩、结构不合理、开发机制不健全，可能导致企业发展战略难以实现

    B. 人力资源激励约束制度不合理、关键岗位人员管理不完善，可能导致人才流失、经营效率低下或关键技术、商业秘密和国家机密泄露

    C. 人力资源退出机制不当，可能导致法律诉讼或企业声誉受损

    D. 缺乏明确的发展战略或发展战略实施不到位，可能导致企业盲目发展，难以形成竞争优势，丧失发展机遇和动力

7. 下列选项中不属于资金活动中的主要风险的是（　　）。

    A. 筹资决策不当，引发资本结构不合理或无效融资，可能导致企业筹资成本过高或债务危机

    B. 投资决策失误，引发盲目扩张或丧失发展机遇，可能导致资金链断裂或资金使用效益低下

    C. 资金调度不合理，营运不畅，可能导致企业陷入财务困境或资金冗余

    D. 进行可行性论证，不得依据未经论证的方案开展筹资活动，重大筹资方案应当形成可行性研究报告，全面反映风险评估情况

8. 下列说法中正确的是（　　）。

    A. 采购计划安排不合理，市场变化趋势预测不准确，造成库存短缺或积压，可能导致企业生产停滞或资源浪费

    B. 供应商选择不当，采购方式不合理，招投标或定价机制不科学，授权审批不规范，可能导致采购物资质次价高，但是不会出现舞弊或遭受欺诈

    C. 采购验收不规范，付款审核不严，只会导致采购物资受损

    D. 采购计划安排不合理，市场变化趋势预测不准确，造成库存短缺或积压，一定会导致企业生产停滞或资源浪费

9. 工程项目管理中的主要风险不包括（　　）。

    A. 立项缺乏可行性研究或者可行性研究流于形式、决策不当、盲目上马，可能导致难以实现预期效益或项目失败

    B. 项目招标"暗箱操作"，存在商业贿赂，可能导致中标人实质上难以承担工程项目、中标价格失实及相关人员涉案

C. 研究成果转化应用不足、保护措施不力，可能导致企业利益受损

D. 工程物资质次价高、工程监理不到位、项目资金不落实，可能导致工程质量低劣，进度延迟或中断

10. 内部控制评价的方法不包括（ ）。

A. 个别访谈
B. 调查问卷
C. 专题讨论
D. 汇总评价结果

11. （ ）是指购买物资（或接受劳务）及支付款项等相关活动。

A. 采购
B. 资产管理
C. 销售
D. 付款

12. （ ）是指企业作为担保人按照公平、自愿、互利的原则与债权人约定，当债务人不履行债务时，依照法律规定和合同协议承担相应法律责任的行为。

A. 担保
B. 业务外包
C. 财务报告
D. 领购

13. （ ）是指企业内部各管理层级之间通过内部报告形式传递生产经营管理信息的过程。

A. 内部信息传递
B. 外部信息传递
C. 内部控制评价
D. 内部控制缺陷

14. 财务报告及信息的真实和完整，体现了内部控制目标中的（ ）。

A. 企业安全
B. 资产安全
C. 信息安全
D. 发展战略

15. （ ）负责审查企业内部控制，监督内部控制的有效实施和内部控制自我评价情况，协调内部控制审计及其他相关事宜等。

A. 审计委员会
B. 董事会
C. 监事会
D. 财务总监

16. 下列关于内部控制的说法中错误的是（ ）。

A. 实现了由结果控制向过程控制的转化

B. 实现了由执行层面向决策层面的转化

C. 实现了由会计控制向企业控制的转化

D. 实现了由宏观细节向风险导向的转化

17. 审计委员会主席应当由（ ）担任。

A. 独立董事
B. 董事长
C. 财务部主任
D. 总经理

18. 企业在权衡成本效益之后，准备采取适当的控制措施降低风险或者减轻损失，将风险控制在风险承受度之内的策略指的是（　　）。

    A. 风险规避　　　　　　　　　　B. 风险降低

    C. 风险承担　　　　　　　　　　D. 风险对冲

19. 下列说法正确的是（　　）。

    A. 战略委员会不要求具有独立性

    B. 战略委员会不要求具有专业性

    C. 战略委员会委员中不应当有独立董事

    D. 战略委员会主席应当由董事长担任

20. 下列说法中错误的是（　　）。

    A. 研发人员配备不合理或研发过程管理不善，可能导致研发成本过高、舞弊或研发失败

    B. 研究成果转化应用不足、保护措施不力，可能导致企业利益受损

    C. 研究项目未经科学论证或论证不充分，可能导致创新不足或资源浪费

    D. 即便是研发人员配备不合理或研发过程管理不善，也不可能导致研发成本过高、舞弊或研发失败等事件的发生

21. 下列各项中，属于组织结构设计与运行过程中的主要风险的是（　　）。

    A. 治理结构形同虚设，缺乏科学决策、良性运行机制和执行力，可能导致企业经营失败，难以实现发展战略

    B. 缺乏明确的发展战略或发展战略实施不到位，可能导致企业盲目发展，难以形成竞争优势，丧失发展机遇和动力

    C. 发展战略过于激进，脱离企业实际能力或偏离主业，可能导致企业过度扩张，甚至经营失败

    D. 发展战略因主观原因频繁变动，可能导致资源浪费，甚至危及企业的生存和持续发展

22. （　　）是注册会计师和会计师事务所执行内部控制审计业务的业务指南。

    A. 应用指引　　　　　　　　　　B. 评价指引

    C. 审计指引　　　　　　　　　　D. 基本规范

23. 甲集团对其某一子公司进行重组，需要在方案A和方案B中间选择一套执行，经过公司领导班子集体讨论，最后选择方案A。在实施过程中，发现重组

条件已经发生改变，方案 B 更有利，于是，集团董事长决定改用方案 B。该案例违背了内部控制的（　　）原则。

  A. 全面性   B. 重要性   C. 制衡性   D. 适应性

24. 有人问韦尔奇："在 GE（通用电气）你最担心什么？""什么事会使你彻夜不眠？"韦尔奇答道："其实并不是 GE 的业务使我担心，而是有什么人做了从法律上看非常愚蠢的事而给公司的声誉带来污点并把他们自己和他们的家庭毁于一旦。"这体现了内部控制的（　　）。

  A. 治理结构   B. 机构设置权责分配

  C. 法制观念   D. 人力资源政策

25. 下面属于企业识别外部风险的是（　　）。

  A. 组织机构   B. 财务状况

  C. 产业政策   D. 研究开发

26. 全面梳理治理结构和内部机构。其中，梳理治理结构应当重点关注（　　）。

  A. 内部机构设置的合理性和运行的高效性

  B. 内部机构运行的高效性

  C. 董事、监事、经理及其他高级管理人员的任职资格和履职情况，以及董事会、监事会和经理层的运行效果

  D. 董事会、监事会和经理层的运行效果

27. 下面关于发展战略控制的关键环节不正确的是（　　）。

  A. 战略分析——知己知彼 B. 战略制定——切合实际

  C. 战略实施——全力以赴 D. 战略调整——主观分析

28. 发展战略制定与实施中的主要风险不包括（　　）。

  A. 缺乏明确的发展战略或发展战略实施不到位

  B. 发展战略过于激进，脱离企业实际能力或偏离主业

  C. 发展战略因主观原因频繁变动

  D. 内部机构设计不科学，权责分配不合理

29. 下面关于发展目标的说法中不正确的是（　　）。

  A. 发展目标要防偏离主业 B. 发展目标要防激进保守

  C. 发展目标要经研究论证 D. 发展目标要上层制定

30. 发展战略实施环节的关键控制点及控制措施不包括（　　）。

    A. 企业应当根据战略规划，制订年度工作计划，编制部门预算，将部门目标分解、落实

    B. 企业应当采取组织结构调整、人员调配、财务安排、薪酬分配、信息沟通、管理和技术变革等配套保障措施，确保发展战略的有效实施

    C. 企业应当重视发展战略的宣传工作，通过内部各层级会议和教育培训等有效方式，将发展战略及其分解落实情况传递到内部各管理层级和全体员工

    D. 企业应当加强对发展战略实施情况的监控和评估，定期收集和分析相关信息，对于明显偏离发展战略的情况，应当及时进行内部报告

31. 下列关于人力资源引进与开发环节的关键控制点及控制措施的说法中，错误的是（　　）。

    A. 企业应当根据人力资源总体规划，按照计划、制度和程序组织人力资源引进工作

    B. 企业应当依法与选聘人员签订劳动合同，建立劳动用工关系，有关岗位还需签订保密协议，明确保密义务

    C. 企业可以选择性地建立选聘人员试用期和岗前培训制度，对试用人员考察一周左右即可

    D. 企业应当根据人力资源能力框架要求，通过公开招聘、竞争上岗等多种方式选聘优秀人才，重点关注选聘对象的价值取向和责任意识

32. 下列关于人力资源使用与退出环节的关键控制点及控制措施的说法中，错误的是（　　）。

    A. 企业应当建立和完善人力资源的激励约束机制，设置科学的业绩考核指标体系，对各级管理人员和全体员工进行严格考核与评价

    B. 企业应当制定与业绩考核挂钩的薪酬制度，切实做到薪酬安排与员工贡献相协调，体现效率优先，兼顾公平

    C. 企业应当按照有关法律法规规定，结合企业实际，建立健全员工退出机制，明确退出的条件和程序，确保员工退出机制得到有效实施

    D. 企业只有在人员不足的时候才对人力资源计划执行情况进行评估，总结经验，分析存在的主要缺陷和不足

33. 下面关于人力资源的说法中不正确的是（　　）。

    A. 战略导向　　　　　　　　　　B. 因人设岗

C. 以岗选人　　　　　　　　　　　D. 专业胜任

34. 企业文化建设中的主要风险不包括（　　　）。

A. 缺乏积极向上的企业文化

B. 缺乏开拓创新、团队协作和风险意识

C. 缺乏诚实守信的经营理念

D. 重视企业间的文化差异和理念冲突

35. 企业文化评估环节的关键控制点及控制措施不包括（　　　）。

A. 建立企业文化评估制度，明确评估的内容、程序和方法，落实评估责任制，避免企业文化建设流于形式

B. 重点关注董监高在企业文化建设中的责任履行情况，全体员工对企业核心价值的认同感、企业经营管理行为与企业文化的一致性、企业品牌的社会影响力、参与企业并购重组各方文化的融合度，以及员工对企业未来发展的信心

C. 积极培育具有自身特色的企业文化，促长远发展

D. 重视文化评估结果。

36. （　　　）是企业实施内部控制的基础。

A. 内部环境　　　　　　　　　　　B. 外部环境

C. 人力资源　　　　　　　　　　　D. 组织架构

37. （　　　）指引着力解决企业应如何进行组织架构设计和运行，核心是如何加强组织架构方面的风险管控。

A. 组织架构　　　　　　　　　　　B. 企业文化

C. 人力资源　　　　　　　　　　　D. 社会责任

38. 上市公司董事会下设的审计委员会、薪酬与考核委员会中，独立董事应当占多数并担任负责人，审计委员会中至少还应有（　　　）独立董事是会计专业人士。

A. 一名　　　　B. 两名　　　　C. 三名　　　　D. 四名

39. 国有独资企业董事会可以根据授权，部分行使股东（大）会的职权，决定公司的重大事项，但公司的合并、分立、解散、增加或者减少注册资本和发行公司债券，必须由（　　　）决定。

A. 国有独资企业委员会　　　　　　B. 国有独资企业董事会

C. 国有资产监督管理机构　　　　　D. 国有资产管理委员会

40. "三重一大"中一大是指（　　　　）。

    A. 大事项　　　　　　B. 大额资金支付　　　C. 大项目　　　　　　D. 大决策

二、多项选择题

1. 信息系统内部控制包括（　　　　）。

    A. 一般控制　　　　　　　　　　　　B. 应用控制

    C. 内部控制　　　　　　　　　　　　D. 外部控制

2. 下列说法中正确的有（　　　　）。

    A. 财务报告是企业投资者、债权人做出科学投资、信贷决策的重要依据

    B. 财务报告是市场经济条件下优化资源配置、引导资金流向的重要手段

    C. 财务报告是提高财务透明度、维护资本市场秩序的重要途径

    D. 要加强财务报告编制、对外提供和分析利用全过程的控制，确保财务报告合法合规、真实完整和有效利用

3. 无形资产管理环节的关键控制点及控制措施包括（　　　　）。

    A. 分类制定无形资产管理办法，落实无形资产管理责任制，促进无形资产有效利用

    B. 加强无形资产权益保护，梳理各类无形资产权属关系，防范侵权行为和法律风险

    C. 定期对无形资产先进性进行评估，淘汰落后技术，加大研发投入，促进技术更新

    D. 加强品牌建设，加强声誉管理，通过提供高质量产品和优质服务等打造主业品牌

4. 内部控制的局限性有（　　　　）。

    A. 内控再优良也不代表管理者出色

    B. 内控再严密也无法阻挡员工串通

    C. 给企业做内控就如同给人做养生

    D. 内控优良就可以代表管理者是出色的

5. 控制活动是指企业根据风险应对策略，采用相应的控制措施，将风险控制在可承受度之内，是实施内部控制的具体方式。常见的控制措施有（　　　　）。

    A. 不相容职务分离控制　　　　　　　B. 授权审批控制

C. 会计系统控制 D. 财产保护控制

6. 下面关于控制活动的说法中正确的有（　　　）。

A. 以审批为手段 B. 以制衡为灵魂

C. 以制度为依据 D. 以监督为手段

7. 下列属于不相容职务的有（　　　）。

A. 授权审批与执行业务 B. 执行业务与监督审核

C. 执行业务与相应记录 D. 财物保管与相应记录

8. 反舞弊工作的重点领域包括（　　　）。

A. 未经授权或者采取其他不法方式侵占、挪用企业资产，谋取不当利益

B. 在财务会计报告和信息披露等方面存在虚假记载、误导性陈述或者重大遗漏等

C. 董事、监事、经理及其他高级管理人员滥用职权

D. 相关机构或人员串通舞弊

9. 企业层面控制与（　　　）直接相关。

A. 内部环境 B. 风险评估

C. 信息与沟通 D. 内部监督

10. 组织架构设计与运行中的主要风险有（　　　）。

A. 治理结构形同虚设，缺乏科学决策、良性运行机制和执行力

B. 内部机构设计不科学，权责分配不合理

C. 缺乏明确的发展战略或发展战略实施不到位

D. 发展战略因主观原因频繁变动

11. 内部控制实现了（　　　）。

A. 由结果控制向过程控制的转化

B. 由执行层面向决策层面的转化

C. 由会计控制向企业控制的转化

D. 由微观细节向风险导向的转化

12. 内部控制原则是企业建立与实施内部控制应当遵循的基本准绳，包括（　　　）。

A. 全面性原则 B. 重要性原则

C. 制衡性原则 D. 适应性原则和成本效益原则

13. 人力资源政策应当有利于企业可持续发展，一般包括（　　　）。

A. 员工的聘用、培训、辞退与辞职

B. 员工的薪酬、考核、晋升与奖惩

C. 关键岗位员工的强制休假制度和定期岗位轮换制度

D. 对掌握国家秘密或重要商业秘密的员工离岗的限制性规定等

14. 风险评估主要包括（　　）。

A. 目标设定 　　　　　　　　　　B. 风险识别

C. 风险分析 　　　　　　　　　　D. 风险应对

15. 信息与沟通是实施内部控制的重要条件，主要包括（　　）。

A. 信息质量 　　　　　　　　　　B. 沟通制度

C. 信息系统 　　　　　　　　　　D. 反舞弊机制

16. 企业层面控制包括（　　）。

A. 组织架构 　　　　　　　　　　B. 发展战略

C. 人力资源 　　　　　　　　　　D. 社会责任和企业文化

17. 环境保护与资源节约环节的关键控制点及控制措施有（　　）。

A. 建立制度，增强意识，落实责任

B. 重视生态保护，加大投入和支持

C. 重视资源节约保护，加快产业改造

D. 定期监督检查，发现问题及时纠正

18. 下列各项中，属于购买环节的关键控制点及控制措施的有（　　）。

A. 建立采购申请制度，明确相关部门或人员的职责权限及相应的请购和审批程序

B. 按照预算执行进度办理请购手续，对于超预算和预算外采购项目，应先履行预算调整程序，经审批后，再行办理请购手续

C. 建立供应商评估和准入制度，对供应商进行实时管理和综合评价，根据评价结果对供应商进行合理选择和调整

D. 合理选择采购方式，可以采取招标采购、询价或定向采购、直接购买等方式

19. 销售业务流程主要包括（　　）。

A. 销售计划管理 　　　　　　　　B. 客户开发与信用管理

C. 销售定价 　　　　　　　　　　D. 订立销售合同等环节

20. 内部控制审计的审计意见包括（　　）。

A. 无保留审计意见　　　　　　　B. 带强调段的无保留意见

C. 否定意见　　　　　　　　　　D. 无法表示意见

三、判断题

1. 内部控制是由企业董事会、监事会、经理层和全体员工实施的旨在实现控制目标的过程。　　　　　　　　　　　　　　　　　　　（　　）

2. 重要性原则要求：内部控制应当贯穿决策、执行和监督全过程，覆盖企业及其所属单位的各种业务和事项，实现全过程、全员性控制，不存在内部控制空白点。　　　　　　　　　　　　　　　　　　　　　　　　　（　　）

3. 内部环境主要包括治理结构、机构设置及权责分配、内部审计机制、人力资源政策、企业文化等。　　　　　　　　　　　　　　　　　（　　）

4. 风险是指一个潜在事项的发生对目标实现产生影响的必然性。　（　　）

5. 信息沟通过程中发现的问题，应当及时报告并加以解决。重要信息应当及时传递给董事会、监事会和经理层。　　　　　　　　　　　　（　　）

6. 企业层面控制是指综合运用各种控制手段和方法，针对具体业务和事项实施的控制。　　　　　　　　　　　　　　　　　　　　　　（　　）

7. 企业文化，是指企业在生产经营实践中逐步形成的、为整体团队所认同并遵守的价值观、经营理念和企业精神，以及在此基础上形成的行为规范的总称。　　　　　　　　　　　　　　　　　　　　　　　　　（　　）

8. 采购，是指购买物资（或接受劳务）及支付款项等相关活动。　（　　）

9. 研究与开发，是指企业为获取旧产品、旧技术、旧工艺等所开展的各种研发活动。　　　　　　　　　　　　　　　　　　　　　　　　（　　）

10. 业务外包，是指企业利用专业化分工优势，将日常经营中的部分业务委托给本企业以外的专业服务机构或其他经济组织（简称承包方）完成的经营行为。　　　　　　　　　　　　　　　　　　　　　　　　　（　　）

11. 内部控制中关于资产安全是要求严禁企业违法经营或非法获利。（　　）

12. 内部控制应当在治理结构、机构设置及权责分配、业务流程等方面形成相互制约、相互监督的机制，同时兼顾运营效率。　　　　　　　（　　）

13. 企业应当在董事会下设立审计委员会。　　　　　　　　　　（　　）

14. 不相容岗位和职务之间不需要相互监督、相互制约，形成有效的制衡

机制。 　　　　　　　　　　　　　　　　　　　　　　　　　　　（　　）

15. 企业应当建立反舞弊机制，坚持惩防并举、重在预防的原则。　（　　）

四、简答题

1. 内部控制要素有哪些？

2. 什么是内部控制的重大缺陷？表明企业的内部控制可能存在重大缺陷迹象有哪些？

3. 试述几种常见的内部控制评价方法。

4. 企业内部控制评价的程序是什么？

5. 内部控制缺陷有几种类型？

6. 财务报告内部控制缺陷的认定标准是什么？

7. 内部控制缺陷认定的步骤有哪些？

8. 根据《企业内部控制基本规范》及其评价指引，内部控制报告的内容与格式有哪些具体要求？

五、实训练习

1. 甲单位资料如下：

（1）甲单位由于人数少，领导决定让黄有为当出纳兼会计。

（2）后勤人员王立以现金 900 元购买办公用品返回后，凭发票直接到财会部门作了报销。

（3）材料库有 2 名保管员，他们轮班休息。为了方便材料领用，领导决定配两套钥匙，每人一套。

（4）单位领导外出，回来后填制"差旅费报销单"，在"领导批示"栏直接签署同意，即予报销。

要求：根据上列资料判断其是否符合内部会计控制的要求，并说明理由。

2. 某上市公司 2016 年制定了内部控制制度，其要点如下：

（1）为提高工作效率，公司重大资产处置、对外投资和资金调度等事宜统一由总经理审批；

（2）为加快货款回收，允许公司销售部门及其销售人员直接收取货款；

（3）为增强经营活力，允许下属分公司自行决定是否对外提供担保。

要求：上述内部控制制度存在哪些缺陷？简要说明理由。

3. 某企业存货内部控制情况如下：

（1）仓库保管员负责登记存货明细账，以便对仓库中的所有存货项目的验收、发出与库存进行永续记录。

（2）当收到验收部门送交的存货和验收单后，根据验收单登记存货领料单。

（3）平时，各车间或其他部门如果需要领取原材料，都可以填写领料单，仓库保管员根据领料发出原材料。

（4）公司辅助材料的用量很少，因此领取辅助材料时，没有要求使用领料单。

（5）各车间经常有辅助材料剩余（根据每天特定工作购买而未消耗掉，但其实还可再为其他工作所用），这些材料由车间自行保管，无须通知仓库。

（6）如果仓库保管员有时间，偶尔也会对存货进行实地盘点。

要求：根据上述描述，回答以下问题：

（1）上述描述的内部控制有什么缺陷？简要说明该缺陷可能导致的错弊。

（2）针对该企业存货循环上的缺陷，提出改进建设。

4. 某鲜肉处理公司购买家畜经处理后，销售给超级市场。以下是该公司存货内部控制各项要点：

（1）每位牲畜采购员向厂长提出采购日报，报告内容有购买日期、预定交货日期、供应商姓名及编号、所购牲畜种类和重量。所购家畜送达时，厂中任何职员都不点收，并在采购日报中的数量旁加注核对记号"√"。日报中所列牲畜全数收齐后，即将报告退交采购员。

（2）核对无误后的供应商发票，应交给相关的采购员核准并送至会计部门。会计部门编制支出传票并按核准的金额开立支票。支票送交出纳签章后，直接交给采购员转付供应商。

（3）牲畜按批处理，每批均编定号码。每日终了将各批处理清单送至会计部门，清单内列示每批牲畜的号码、名称、鲜肉重量。会计部门设有存货盘存记录，记载处理后的鲜肉名称和重量。

（4）处理后的鲜肉储存于员工停车场附近的小型冷冻库内。工厂停工时冷冻库上锁。上下班时间，另有公司警卫看守。超级市场提货人员提货时，若冷冻库内无人，须与工厂职员接洽。

（5）厂房或冷冻库内另有大量肉类副产品。副产品于出售时才入账。此时，销货经理签发二联式发货单，一联作为顾客提货之凭证，另一联为开立账单的依据。

要求：分别指出上述存货处理程序上的缺失，并提出改善建议。

5. 某公司属于国有控股公司，最高权力机构是股东大会，执行机构是董事会，还设有职工代表大会以及各职能部门、分公司等。其内部控制制度及业务活动情况如下：

（1）会计、出纳分设。财务部经理的妻子担任出纳，并兼任满足行政部门需要的日常业务，亲自办理取款、购买、报销等手续。支票等票据由会计保管，支取款项的印章都由总经理亲自保管。

（2）材料采购由供应部经理审批、专门采购员实施，各项费用由总经理签字报销。某日，采购员在采购时发现当地主要媒体宣传另一公司 A 产品正在开展促销活动，称其为高科技产品，可以替代本企业主要原料并能够节约成本 30%，促销时间仅有两天。采购员认为时间过于紧张，来不及请示供应部经理，因此直接电告企业总经理，总经理决定采购 100 吨，价税合计 100 万元。采购员当即采购并由仓库验收入库，经总经理签字后办理了货款支付手续。后来生产车间反映，该批材料不适应生产要求，只能折价处理，造成损失 30 万元。总经理指示调整成本预算，将 30 万元损失记入正常材料耗费。

（3）办理销售、发货、收款三项业务的部门分别设立。同时考虑到销售部门比较熟悉客户情况，也便于销售部进行业务谈判，确定授权销售部兼任信用管理机构。对大额销售业务，销售部可自主定价、签署销售合同。为逃避银行对公司资金流动的监控，企业在销售业务中尽可能利用各种机会由业务员向客户收取现金，然后交财务部存放在专门的账户上。某月销售业务员甲联系到一个大客户，完成了 300 万元的销售任务，并将款项交财务部入账。次月，该业务员谎称对方要求退货，并自行从其他企业低价购入同类商品。要求仓储部门验收入库，仓储部门发现商品商标都丢失，但未进行进一步查验，直接办理了各项手续（但没有出具质检报告）。财务部将退货款项转入业务员提供的银行账号。

（4）为了提高分公司的积极性，公司决定授予分公司自主决定是否对外提供担保业务，是否对外投资的权力。

（5）年初公司财务部（没有专门的预算管理机构）制定年度预算方案以后，报股东大会批准后立即执行。发生采购失误事件后，财务部根据总经理的意向决定调整成本费用预算，并认为当年圆满完成了企业预算目标。

要求：分析该公司内部会计控制方面存在哪些问题？简要说明理由。

参 考 答 案

一、单项选择题

1．D；2．D；3．A；4．A；5．C；6．D；7．D；8．A；9．C；10．D；11．A；12．A；13．A；14．C；15．A；16．D；17．A；18．B；19．D；20．D；21．A；22．C；23．B；24．C；25．C；26．C；27．D；28．D；29．D；30．A；31．C；32．D；33．B；34．D；35．C；36．A；37．A；38．A；39．C；40．B

二、多项选择题

1．AB；2．ABCD；3．ABCD；4．ABC；5．ABCD；6．ABC；7．ABCD；8．ABCD；9．ABCD；10．AB；11．ABCD；12．ABCD；13．ABCD；14．ABCD；15．ABCD；16．ABCD；17．ABCD；18．ABCD；19．ABCD；20．ABCD

三、判断题

1．√；2．×；3．√；4．×；5．√；6．×；7．√；8．√；9．×；10．√；11．×；12．√；13．√；14．×；15．√

四、简答题

1．内部控制包括下列要素：

（1）内部环境。内部环境是企业实施内部控制的基础，一般包括治理结构、机构设置及权责分配、内部审计、人力资源政策、企业文化等。

（2）风险评估。风险评估是企业及时识别、系统分析经营活动中与实现内部控制目标相关的风险，合理确定风险应对策略。

（3）控制活动。控制活动是企业根据风险评估结果，采用相应的控制措施，将风险控制在可承受度之内。

（4）信息与沟通。信息与沟通是企业及时、准确地收集、传递与内部控制相关的信息，确保信息在企业内部、企业与外部之间进行有效沟通。

（5）内部监督。内部监督是企业对内部控制建立与实施情况进行监督检查，评价内部控制的有效性，发现内部控制缺陷，应当及时加以改进。

2．重大缺陷，是指一个或多个控制缺陷的组合，可能导致企业严重偏离控制目标。具体到财务报告内部控制上，就是内部控制中存在的、可能导致不能及时防止或发现并纠正财务报表重大错报的一个或多个控制缺陷的组合。下列迹象可能表明企业的内部控制存在重大缺陷：

（1）注册会计师发现董事、监事和高级管理人员舞弊；

（2）企业更正已经公布的财务报表；

（3）注册会计师发现当期财务报表存在重大错报，而内部控制在运行过程中未能发现该错报；

（4）企业审计委员会和内部审计机构对内部控制的监督无效。

3. 常见的内部控制评价方法包括：个别访问法、调查问卷法、专题讨论法、穿行测试法、实地查验法、抽样法、比较分析法等。

4. （1）制订评价工作方案。内部控制评价机构应当以内部控制目标为依据，结合企业内部监督情况和管理要求，分析企业经营管理过程中的影响内部控制目标实现的高风险领域和重要业务事项，确定检查评价方法，制订科学合理的评价工作方案，经董事会批准后实施。评价工作方案应当明确评价主体范围、工作任务、人员组织、进度安排和费用预算等相关内容。评价工作方案既以全面评价为主，也可以根据需要采用重点评价的方式。

（2）组成评价工作组。评价工作组是在内部控制评价机构领导下，具体承担内部控制检查评价任务。内部控制评价机构根据经批准的评价方案，挑选具备独立性、业务胜任能力和职业道德素养的评价人员实施评价。评价工作组成员应当吸收企业内部相关机构熟悉情况、参与日常监控的负责人或业务骨干参加。企业应根据自身条件，尽量建立长效内部控制评价培训机制。

（3）实施现场检查测试。首先是充分了解企业文化和发展战略、组织机构设置及职责分工、领导层成员构成及分工等基本情况；在此基础上评价工作组根据掌握的情况进一步确定评价范围、检查重点和抽样数量，并结合评价人员的专业背景进行合理分工（检查重点和分工情况可以根据需要进行适当调整）；然后，评价工作组根据评价人员分工，综合运用各种评价方法对内部控制设计与运行的有效性进行现场检查测试，按要求填写工作底稿、记录相关测试结果，并对发现的内部控制缺陷进行初步认定。

（4）汇总评价结果。评价工作组汇总评价人员的工作底稿，初步认定内部控制缺陷。评价工作底稿应进行交叉复核签字，并由评价工作组负责人审核后签字确认。评价工作组将评价结果及现场评价的结果向被评价单位进行通报，由被评价单位相关责任人签字确认后，提交企业内部控制评价机构。

（5）编制企业内部控制评价报告。内部控制评价机构汇总各评价工作组的评价结果，对工作组现场初步认定的内部控制缺陷进行全面复核、分类汇总，对缺陷的成因、表现形式及风险程度进行定量或定性的综合分析，按照对控制目标的影响程度判定缺陷等级；内部控制评价机构以汇总的评价结果和认定的内部控制缺陷为基础，综合内部控制工作整体情况，客观、公正、完整地编制内部控制评价报告，并报送企业经理层、董事会和监事会，由董事会最终审定后对外披露。

（6）报告反馈与追踪。对于认定的内部控制缺陷，内部控制评价机构应当结合董事会和审计委员会要求，提出整改建议，要求责任单位及时整改，并跟踪其整改落实情况；已经造成损失或负面影响的，企业应当追究相关人员的责任。

5. 一般来说，内部控制缺陷可按照以下标准分类：

（1）按照内部控制缺陷的成因分类，内部控制缺陷划分为设计缺陷和运行缺陷。设计缺陷是指企业缺少为实现控制目标所必需的控制措施，或现有控制设计不适当，即使正常运行也难以实现控制目标。运行缺陷是指设计有效（合理且适当）的内部控制由于运行不当（包括由不恰当的人执行、未按设计的方式运行、运行的时间或频率不当、没有得到一贯有效运行等）而影响控制目标的实现所形成的内部控制缺陷。内部控制存在设计缺陷和运行缺陷，会影响内部控制的设计有效性和运行有效性。

（2）按照内部控制缺陷的性质即影响内部控制目标实现的严重程度分类，内部控制缺陷分为重大缺陷、重要缺陷和一般缺陷。重大缺陷是指一个或多个控制缺陷的组合，可能导致企业严重偏离控制目标。当存在任何一个或多个内部控制重大缺陷时，应当在内部控制评价报告中作出内部控制无效的结论。重要缺陷是指一个或多个控制缺陷的组合，其严重程度低于重大缺陷，但仍有可能导致企业偏离控制目标。重要缺陷的严重程度低于重大缺陷，不会严重危及内部控制的整体有效性，但也应当引起董事会，经理层的充分关注。一般缺陷，是指除重大缺陷、重要缺陷以外的其他控制缺陷。

6. 与财务报告内部控制相关的内部控制缺陷所采用的认定标准直接取决于由于该内部控制缺陷的存在可能导致的财务报告错报的重要程度。其中，所谓"重要程度"主要取决于两个方面的因素：①该缺陷是否具备合理可能性导致企业的内部控制不能及时防止或发现并纠正财务报告错报。②该缺陷单独或连同其他缺陷可能导致的潜在错报金额的大小。

一般而言，如果一项内部控制缺陷单独或连同其他缺陷具备合理可能性导致不能及时防止或发现并纠正财务报告中的重大错报，就应将该缺陷认定为重大缺陷。一项内部控制缺陷单独或连同其他缺陷具备合理可能性导致不能及时防止或发现并纠正财务报告中错报的金额（该错报的金额虽然未达到和超过重要性水平，但仍应引起董事会和管理层重视），就应将该缺陷认定为重要缺陷。不构成重大缺陷和重要缺陷的内部控制缺陷，应认定为一般缺陷。一旦企业的财务报告内部控制存在一项或多项重大缺陷，就不能得出该企业的财务报告内部控制有效的结论。因此，财务报告内部控制重大缺陷的认定十分关键，而区分一项内部控制缺陷是否构成了重大缺陷的分水岭是"重要性水平"，重要性水平之上的为重大错报，重要性水平之下的为重要错报或者一般错报。

7.（1）财务报告缺陷的认定步骤结合财务报告内部控制缺陷的认定标准，财务报告内部控制缺陷的认定步骤如下：

第一步，结合财务报告内部控制缺陷的迹象，判断是否可能存在财务报告内部控制缺陷。

第二步，确定重要性水平和一般水平，以此作为判断缺陷类型的临界值。可采用绝对金额法或者相对比例法进行确定。

第三步，抽样。按照业务发生频率的高低和账户的重要性确定抽样数量。

第四步，计算潜在错报金额。根据控制点错报样本数量和样本量，在《潜在错报率对照表》中查找对应的潜在错报率，之后统计出相应账户的同向累计发生额，计算控制点潜在错报金额。其计算公式为：

潜在错报金额 = 潜在错报率 × 相应账户的同向累计发生额

第五步，如果重要性水平和一般水平是绝对金额，那么可直接将潜在错报金额合计数与其比较，判断缺陷类型；如果重要性水平和一般水平是相对数，需进一步计算错报指标再进行比较判断。错报指标的计算公式如下，其中，分母所选用的指标应与确定重要性水平的指标保持一致。

错报指标 = 潜在错报金额合计数／当期主营业务收入（或期末资产）

（2）非财务报告缺陷的认定步骤：

第一步，结合相关迹象，判断是否可能存在非财务报告内部控制缺陷。

第二步，采用定性或者定量的方法确定认定标准。

第三步，根据标准分别对每起事故进行认定。

8. 根据《企业内部控制评价指引》第二十一条和第二十二条规定，内部控制评价对外报告一般包括以下内容：

（1）董事会声明。声明董事会及全体董事对报告内容的真实性、准确性、完整性承担个别及连带责任，保证报告内容不存在任何虚假记载、误导性陈述或重大遗漏。

（2）内部控制评价工作的总体情况。明确企业内部控制评价工作的组织、领导体制、进度安排，是否聘请会计师事务所对内部控制有效性进行独立审计。

（3）内部控制评价的依据。说明企业开展内部控制评价工作所依据的法律法规和规章制度。

（4）内部控制评价的范围。描述内部控制评价所涵盖的被评价单位，以及纳入评价范围的业务事项和重点关注的高风险领域。内部控制评价的范围如有所遗漏，应说明原因，及其对内部控制评价报告真实完整性产生的重大影响等。

（5）内部控制评价的程序和方法。描述内部控制评价工作遵循的基本流程，以及评价过程中采用的主要方法。

（6）内部控制缺陷及其认定。描述适用本企业的内部控制缺陷具体认定标准，并声明与以前年度保持一致或作出的调整及相应原因；根据内部控制缺陷认定标准，确定评价期末存在的重大缺陷、重要缺陷和一般缺陷。

（7）内部控制缺陷的整改情况。对于评价期间发现，期末已完成整改的重大缺陷，说明企业有足够的测试样本显示，与该重大缺陷相关的内部控制设计合理且运行有效。针对评价期末存在的内部控制缺陷，说明公司拟采取的整改措施及预期效果。

（8）内部控制有效性的结论。对不存在重大缺陷的情形，出具评价期末内部控制有效结论；对存在重大缺陷的情形，不得作出内部控制有效的结论，并需描述该重大缺陷的性质及其对实现相关控制目标的影响程度，及可能给公司未来生产经营带来的相关风险。自内部控制评价报告基准日至内部控制评价报告发出日之间发生重大缺陷的，企业应责成内部控制评价机构予以核实，并根据核查结果对评价结论进行相应调整，说明董事会拟采取的措施。

五、实训练习

1．（1）不符合。会计与出纳是不相容职务。不相容职务要分离，不能由一个人担任。

（2）不符合。办公用品未经验收，发票未经签字。

（3）不符合。职责不明确。

（4）不符合。经手人与批准人是不相容职务，不能为同一人。

2. 该公司制定的内部控制制度存在以下缺陷：

（1）按照《内部会计控制规范——基本规范（试行）》的要求，单位应明确规定涉及会计及相关工作的授权批准的范围、权限、程序、责任等内容，单位内部的各级管理层必须在授权范围内行使职权和承担责任，经办人员也必须在授权范围内办理业务。单位应当建立规范的对外投资决策机制和程序，重大投资决策实行集体审议联签制度。该公司规定重大资产处置、对外投资和资金调度等事宜统一由总经理审批，违背了授权批准控制的原则，属于授权不当，同时也不符合重大投资集体决策的控制要求。

（2）按照《内部会计控制规范——销售与收款（试行）》的要求，办理销售、发货、收款三项业务的部门应当分设，不得由同一部门或个人办理销售与收款业务的全过程。销售与收款属于不相容岗位，该公司规定允许公司销售部门及销售人员直接收取货款，违背了不相容岗位相互分离的控制要求。

（3）按照《内部会计控制规范——基本规范（试行）》的要求，单位应当加强对担保业务的会计控制，严格控制担保行为，建立担保决策程序和责任制度。该公司规定允许分公司自行决定是否对外提供担保，违背了有关担保控制的要求，同时也不符合授权批准控制和风险控制的要求。

3. （1）该企业存货循环中存在的缺陷和可能导致错弊。

①存货的保管和记账职责未分离。将可能导致存货保管人员监守自盗，并通过篡改存货明细账来掩饰舞弊行为，存货可能被高估。

②仓库保管员收到存货时不填制入库通知单，而是以验收单作为记账依据。将可能导致一旦存货数量或质量上发生问题，无法明确是验收部门还是仓库保管人员的责任。

③领取原材料未进行审批控制。将可能导致原材料的领用失控，造成原材料的浪费或被贪污，以及生产成本的虚增。

④领取辅助材料时未使用领料单和进行审批控制，对剩余的辅助材料缺乏控制。将可能导致辅助材料的领用失控，造成辅助材料的浪费或被贪污，以及生产成本的虚增。

⑤未实行定期盘点制度。将可能导致存货出现账实不符现象，且不能及时发现，及计价不准确。

（2）存货循环内部控制的改进建议：

①建立永续盘存制，仓库保管人员设置存货台账，按存货的名称分别登记存货收、发、存的数量；财务部门设置存货明细账，按存货的名称分别登记存货收、发、存的数量、单价和金额。

②仓库保管员在收到验收部门送交的存货和验收单后，根据入库情况填制入库通知单，并据以登记存货实物收、发、存台账。入库通知单应事先连续编号，并由交接各方签字后留存。

③对原材料和辅助材料等各种存货的领用实行审批控制。即各车间根据生产计划编制领料单，经授权人员批准签字，仓库保管员经检查手续齐备后，办理领用。

4.（1）采购及验收职务没有适当的分工，即没有适当地编制验收报告，将完成的验收报告退回给采购员，使他们能够控制验收的职能。适当地处理应是采购员及验收核准人分别做报告给会计部门。每一张报告必须包括供应商的姓名及该批货的数量和总重量。购买的价格及其他条件必须包括在采购员的报告上。采购员提供其报告的副本给工厂作为其验收报告。这张报告副本必须是省略即将收到货物的数目及重量。这些是由工厂单独填写。验收的责任没有清楚地划分，且验收的人没有被指明。某位员工应授予验收的责任及在验收报告上签名。应预留空白以便记录所收到的家畜的重量。即将到来的货物状况必须加以检验且检验的结果亦须报告。目前的程序没有要求对延滞的运送进行追踪调查。采购员一直到所有的货都收到以后才被通知，采购员或另外一个人必须授予迅速交货的责任且应设立对于进货状况提供及时资料的程序。

（2）采购员的权力过大，太多的职务没有分开。采购员必须既不收取也不核准供应商的发票。发票（包括核对采购员的报告）、验收报告及提单的复核必须由会计部门执行。支票不应递送给采购员，应直接由出纳部职员递送给供应商。出纳部门必须认真复核支出凭单，以便证实该笔支出适当性。出纳部门必须注销已核准的支出凭单及附属单据，以防止其重新使用。

（3）一直到处理完成，对于牲畜屠宰体的控制都没有建立。当收到牲畜时必须建立控制，且一直到其鲜肉被处理出售为止。取得及处理牲畜的成本必须按批累积，且经过处理的鲜肉数目及重量必须与原来购进牲畜的数目及重量相比较。这样可以提供对处理成本的控制，避免处理过程中不合理的重大损失，并且可以对供应商的牲畜的品质加以检查。

（4）已处理过的鲜肉的实际安全措施是不适当。保护措施没有继续，且冷藏库在营业日期间有时没有上锁。冷藏库当没有严密的看守时必须随时上锁。上锁的工作必须指派专人负责。应考虑将冷藏库迁移至人迹稀疏的地方（交通流量较少及或许在工厂内），应考虑停工期间内设置自动警铃制度或防卫保护措施。

（5）对于副产品生产或销售的实地控制没有建立。因为副产品相当重大，因此，对于其产量、存货及销货必须建立控制。每批副产品的产量必须与标准的数量（根据副产品及被处理的牲畜数两者间的比率所计算而得）相比较。必须建立重要副产品的永续盘存记录，并定期地与实地盘点相核对。

5.（1）财务部经理的妻子担任出纳违背了回避制度。按照有关规定，单位负责人的直系亲属（含配偶）不得担任本单位会计机构负责人、会计主管人员，会计机构负责人、会计主管人员的直系亲属不得担任本单位出纳人员。国有控股公司财务部经理的妻子担任出纳工作，不符合货币资金控制的回避制度，应另行安排人员担任出纳工作。

（2）出纳人员同时办理取款、购买、报销手续不符合采购与付款岗位分工控制的要求。按照《内部控制规范——采购与付款（试行）》的规定，单位不得由同一部门或个人办理采购与付款业务的全过程。该国有控股公司由出纳人员同时"办理取款、购买、报销等手续"，违背了采购与付款控制规范中岗位分工控制的要求，应将相关工作交由不同人员办理，以实现相互制约和相互监督。

（3）支取款项的印章都由总经理亲自保管不符合印章控制的规定。按照《内部控制规范——货币资金（试行）》的规定，单位财务专用章应由专人保管，个人名章由其本人或授权人员保管，严禁一人保管支付款项所需的全部印章。支取款项的印章都由总经理一人保管违背了货币资金控制规范的要求，支取款项的印章应由出纳、财务部主管、总经理等相关人员分别保管。

（4）原材料采购授权批准控制制度没有严格实施。首先，按照《内部控制规范——采购与付款（试行）》规定，单位应当对采购与付款业务建立严格的授权批准制度，明确审批人对采购与付款业务的授权批准方式、权限、程序、责任和相关控制措施，审批人不得越权审批；明确经办人的职责范围和工作要求，严禁未经授权的机构和人员办理采购与付款业务。该公司供应部经理拥有相关采购的批准权限，但采购员直接向总经理请示，总经理越权批示是导致采购失误的重要原因。其次，按照《内部控制规范——采购与付款（试行）》规定，单位对于重要的和技术性较强的采购业务应当组织专家进行可行性论证，并实行集体决策和审批。该公司总经理贸然决定采购"高科技"产品，没有经过专家的可行性论证和集体决策、审批，违背了采购决策控制要求。

（5）该公司内部控制制度违背了不相容职务（岗位）相互分离控制的要求。按照《内部控制规范——销售与收款（试行）》规定，应当建立销售与收款业务的岗位责任制，明确相关部门和岗位的职责和权限，确保办理销售与收款业务的不相容岗位相互分离、制约和监督；有条件的单位应当建立专门的信用管理部门或岗位，负责制定单位信用政策，监督各部门信用政策执行情况，信用管理岗位与销售业务岗位应分设；不得由同一部门或个人办理销售与收款业务的全过程。该公司销售部兼任信用管理机构、销售人员直接收取货款均违背了不相容职务（岗位）相互分离的要求，销售部和信用管理部门、销售与收款等岗位应该分开设立。

（6）该公司销售与收款授权批准控制存在缺陷。按照《内部控制规范——销售与收款（试行）》规定，单位应明确审批人员对销售业务的授权批准方式、权限、程序、责任和相关控制措施，审批人员不得越权审批；明确经办人员的职责范围和工作要求；对于金额较大或超过单位既定销售政策、信用政策规定范围的特殊销售业务，单位应当进行集体决策，防止决策失误而造成严重损失。该公司规定销售部自行决定大宗商品售价属于授权不当，容易产生销售部截留销售收入、中饱私囊、私设"小金库"等问题，应该建立销售定价控制制度，根据销售量情况确定价格浮动范围，对产品销售价格进行有效控制。

（7）该公司未严格执行销售与发货控制制度。《内部会计控制规范——销售与收款》规定，单位应当建立销售退回管理制度，单位的销售退回必须经销售主管审批后方可执行；销售退回的货物应由质检部门检验和仓储部门清点后方可入库，质检部门应对客户退回的货物进行检验并出具检验证明，仓储部门应在清点货物、注明退回货物的品种和数量后填制退货接收报告；财会部门应对检验证明、退货接收报告以及退货方出具的退货凭证等进行审核后办理相应的退款事宜。该公司仓储部门发现商品商标丢失而未进行查验即直接办理退货手续、财务部将退货款项转入业务员提供的银行账号均存在失职现象，没有按照规定程序及要求操作，为销售人员作弊提供了条件。

（8）该公司授权分公司自行决定对外担保和对外投资违背了授权批准控制制度。《内部会计控制规范——担保（试行）》规定，单位应当对担保业务建立授权批准制度，明确授权批准的方式、程序和相关控制措施，规定审批人的权限、责任以及经办人的职责范围和工作要求；审批人应当根据担保业务授权批准制度的规定，在授权范围内进行审批，不得超越权限审批；单位应当根据评估报告以及法律顾问或专家的意见，对担保业务进行集体审批，严禁任何个人擅自决定提供担保或者改变集体审批意见。《内部会计控制规范——对外投资（试行）》规定，单位应当建立对外投资业务授权批准制度，明确授权批准的方式、程序和相关控制措施，规定审批人的权限、责任以及经办人的职责范围和工作要求，严禁未经授权的部门或人员办理对外投资业务；审批人应当根据对外投资授权审批制度的规定，在授权范围内进行审批，不得超越权限审批；对外投资实行集体决策，决策过程应有完整的书面记录，严禁任何个人擅自决定对外投资或者改变集体决策意见。该公司授予分公司自主决定是否对外提供担保业务、是否对外投资的权力，属于授权不当，应严格规定对外投资和担保的决策和实施程序，控制风险，避免决策失误。

（9）该公司年度预算的制定、批准、调整不符合规定。首先，按规定，应由董事会、厂长（经理）办公会负责制订单位年度预算方案，单位股东大会（股东会）或类似最高权力机构负责审批单位年度预算方案，国有的和国有资产占控股地位或者主导地位的大、中型企业的年度预算方案还需经单位职工代表大会审议通过。该公司由财务部制定年度预算不符合单位预算岗位分工和授权批准控制规范。其次，按规定，正式下达执行的预算一般不予调整；特殊情况需要调整的，应由预算执行单位逐级提出书面报告，并经单位决策机构批准。该公司发生采购失误事件后，由财务部根据总经理的意向决定调整成本费用预算，违背了预算调整控制规范的要求。

第十一章 职业道德

一、单项选择题

1. 在坚持准则的基础上尽量满足用户或服务主体的需要，侧重体现的是会计（　　）的职业道德。

    A. 参与管理　　　　　　　　　　B. 爱岗敬业

    C. 诚实守信　　　　　　　　　　D. 强化服务

2. 会计工作是一门专业性和技术性很强的工作，因而（　　）是做到客观公正、坚持准则的基础和保证。

    A. 廉洁自律　　　　　　　　　　B. 参与管理

    C. 提高技能　　　　　　　　　　D. 爱岗敬业

3. "不贪污钱财，不收受贿赂，保持清白"体现了会计职业道德中的（　　）。

    A. 爱岗敬业　　　　　　　　　　B. 廉洁自律

    C. 诚实守信　　　　　　　　　　D. 客观公正

4. "言行跟内心思想一致，遵守自己所作出的承诺，保守秘密"体现了会计职业道德中的（　　）。

    A. 坚持准则　　　　　　　　　　B. 强化服务

    C. 廉洁自律　　　　　　　　　　D. 诚实守信

5. 不弄虚作假，（　　）是人们最基本的道德规范，也是会计职业道德的精髓。

    A. 爱岗敬业　　　　　　　　　　B. 诚实守信

    C. 廉洁自律　　　　　　　　　　D. 客观公正

6. 下面关于会计职业道德和会计法律的说法中不正确的是（　　）。

A. 会计法律侧重调整会计人员的外在行为和结果的合法化

B. 会计职业道德调整会计人员内心世界，不管会计人员的外在行为

C. 会计法律具有较强的客观性

D. 受到会计职业道德谴责的，不一定受到会计法律制裁

7. 下列各项中，（　　）是保障会计法律制度实施的机构。

A. 财政部门 　　　　　　　　B. 会计行业组织

C. 国家执法机关 　　　　　　D. 金融机构

8. 会计职业组织对发现违反会计职业道德规范的行为进行惩戒的方式中不包括（　　）。

A. 通报批评 　　　　　　　　B. 参加继续教育

C. 取消会员资格 　　　　　　D. 处以罚金

9. （　　）是会计人员对会计职业道德义务的强烈的责任感和对会计职业的理想目标的坚定信仰。

A. 会计职业道德信念 　　　　B. 会计职业道德情感

C. 会计职业道德认知 　　　　D. 会计职业道德情操

10. 会计职业道德规范是指在一定社会经济条件下，对会计职业行为及（　　）的系统要求或明文规定。

A. 职业活动 　　　　　　　　B. 会计从业

C. 会计活动 　　　　　　　　D. 会计行业

11. 努力钻研业务，熟悉财经法规和相关制度，提高业务技能，是（　　）坚实的基础。

A. 提高技能 　　　　　　　　B. 廉洁自律

C. 参与管理 　　　　　　　　D. 强化服务

12. 随着市场经济的发展和经济全球化进程的加快，会计专业性和技术性日趋复杂，对会计人员所应具备的职业技能要求也越来越高，这需要会计人员加强的会计职业道德主要是（　　）。

A. 廉洁自律 　　　　　　　　B. 客观公正

C. 提高技能 　　　　　　　　D. 坚持准则

13. 某公司资金紧张，需向银行贷款500万元。公司经理请返聘的张会计对公司提供给银行的会计报表进行技术处理。张会计很清楚公司目前的财务状况和偿债能力，但在公司经理的反复开导下，张会计出于经理平时对自己的照顾，于

是按照贷款所要求的指标编造了一份经过技术处理后"漂亮"的会计报表，公司获得了银行的贷款。下列对张会计行为认定中正确的是（　　）。

    A. 张会计违反了爱岗敬业、客观公正的会计职业道德要求

    B. 张会计违反了参与管理、坚持准则的会计职业道德要求

    C. 张会计违反了客观公正、坚持准则的会计职业道德要求

    D. 张会计违反了强化服务、客观公正的会计职业道德要求

14. 下列关于坚持准则的说法中，正确的是（　　）。

    A. 坚持准则中的"准则"仅指会计准则

    B. 熟悉准则是遵循准则、坚持准则的前提

    C. 坚持准则即执行准则

    D. 会计人员只需对所在单位负责，对国家和社会公众的不必多事

15. 下列各项中，体现了"客观公正"要求的是（　　）。

    A. 公私分明   B. 不贪不占

    C. 依法办事   D. 坚持准则

16. 会计职业道德"爱岗敬业"的"岗"是指（　　）。

    A. 税务工作岗位   B. 会计工作岗位

    C. 审计工作岗位   D. 管理工作岗位

17. 会计人员的下列行为中，属于违反会计法律制度的有（　　）。

    A. 会计人员小王上班经常迟到早退

    B. 会计人员李某沉溺于赌博，不爱钻研业务

    C. 会计人员张某挪用公款炒股

    D. 会计机构负责人赵某满足于记账算账，不利用大量而丰富的会计信息参与本单位经营管理

18. 下列各项中，属于职业道德最高境界的是（　　）。

    A. 爱岗敬业   B. 诚实守信

    C. 办事公道   D. 奉献社会

19. 某单位出纳员在报销差旅费时，对于同样是领导批准、主管会计审核无误的差旅费报销单，对和自己私人关系不错的人是随来随报，但对和自己有矛盾、私人关系较为疏远的人则以账面无款、库存无现金、整理账务等理由无故拖欠。这违反了（　　）。

    A. 诚实守信   B. 提高技能

C. 参与管理　　　　　　　　　　　D. 客观公正

20. "做老实人，说老实话，办老实事"，这句话体现的会计职业道德规范内容是（　　　）。

A. 参与管理　　　　　　　　　　　B. 诚实守信

C. 爱岗敬业　　　　　　　　　　　D. 提高技能

二、多项选择题

1. 财政部门对会计职业道德情况实施检查的途径主要有（　　　）。

A. 会计职业道德建设与会计法执法检查相结合

B. 会计职业道德建设与会计人员表彰奖励制度相结合

C. 采用多种形式开展会计职业道德宣传教育

D. 会计职业道德建设与会计专业技术资格考评、聘用相结合

2. 会计职业道德教育的内容有（　　　）。

A. 会计职业道德观念教育　　　　　B. 会计职业道德规范教育

C. 会计职业道德运用教育　　　　　D. 会计职业道德警示教育

3. 会计职业道德"坚持准则"的基本要求包括（　　　）。

A. 遵循准则，提高会计人员执行准则能力

B. 熟悉准则，提高会计人员遵守准则能力

C. 宣传准则，提高会计人员推广准则能力

D. 坚持准则，提高会计人员依法理财能力

4. 会计职业道德中诚实守信的基本要求包括（　　　）。

A. 做老实人，说老实话　　　　　　B. 办老实事，不搞虚假

C. 保密守信　　　　　　　　　　　D. 不为利益所诱惑

5. 会计职业道德规范的主要内容包括（　　　）。

A. 坚持准则　　　　　　　　　　　B. 提高技能

C. 参与管理　　　　　　　　　　　D. 强化服务

6. 下列关于会计职业道德的说法中正确的有（　　　）。

A. 会计职业道德是调整会计职业活动中各种利益关系的手段

B. 会计职业道德具有相对稳定性

C. 会计职业道德具有广泛的社会性

D. 会计职业道德具有一定的强制性

7. 会计人员岗前职业道德教育的内容具体包括（　　）。

    A. 会计职业道德信念教育   B. 会计专业学历教育

    C. 获取会计从业资格中的职业道德教育 D. 会计职业道德规范教育

8. 坚持准则是会计职业道德的一项重要内容。"坚持准则"的具体要求有（　　）。

    A. 熟悉准则   B. 掌握准则

    C. 遵循准则   D. 坚持准则

9. 下列各项中，符合会计职业道德"廉洁自律"要求的有（　　）。

    A. 树立正确的人生观和价值观

    B. 严格划分公私界限，公私分明，不贪不占

    C. 遵纪守法，不收受贿赂，不贪污钱财，保持清白

    D. 自觉抵制拜金主义，个人主义

10. 下列各项中，（　　）体现会计职业道德"爱岗敬业"的要求。

    A. 工作一丝不苟   B. 工作尽职尽责

    C. 工作精益求精   D. 工作兢兢业业

11. 会计职业道德与会计法律制度的主要区别有（　　）。

    A. 性质不同   B. 作用范围不同

    C. 表现形式不同   D. 实施保障机制不同

12. 会计职业道德具有的基本功能主要有（　　）。

    A. 指导功能   B. 评价功能

    C. 教化功能   D. 处罚功能

13. 道德作为一种社会意识形态（　　）是其特征。

    A. 继承性   B. 强制性   C. 社会性   D. 自律性

14. 廉洁自律要求会计人员（　　）。

    A. 公私分明   B. 不贪不占

    C. 遵纪守法   D. 清正廉洁

15. 提高技能是会计职业道德的基本要求，也是会计人员胜任本职工作的重要条件。下列各项中，（　　）属于会计技能的内容。

    A. 会计理论水平   B. 会计实务能力

    C. 职业道德判断力   D. 自动更新知识能力

16. 对于会计职业和会计工作而言，"公正"主要包括的含义有（   ）。

    A. 国家统一的会计制度要公正

    B. 会计人员应公正地开展会计工作

    C. 注册会计师应出具客观、适当的审计意见

    D. 会计人员应以真实、合法的凭证为依据进行会计核算

17. 以下关于会计职业道德的描述中，不正确的有（   ）。

    A. 会计职业道德涵盖了人与人、人与社会、人与自然之间的关系

    B. 会计职业道德与会计法律制度两者在性质上一样

    C. 会计职业道德规范的全部内容归纳起来就是廉洁自律与强化服务

    D. 会计职业道德不调整会计人员的外在行为

18. 下列关于会计职业道德和会计法律制度二者关系的观点中，正确的有（   ）

    A. 两者在实施过程中相互作用

    B. 会计法律制度是会计职业道德的最低要求

    C. 违反会计法律制度也一定违反会计职业道德

    D. 违反会计职业道德也一定违反会计法律制度

19. 下列各项中，属于商业秘密分类的有（   ）。

    A. 不能向竞争对手公开的秘密

    B. 对投资者保守的秘密

    C. 对内部人员应保守的秘密

    D. 对参与技术研制者保守的秘密

20. 下列各选项中，属于会计职业道德修养含义的有（   ）。

    A. 会计人员的反省、检查、自我批评和自我解剖

    B. 会计人员在会计岗位上形成的举止、仪表、情操以及应达到的境界

    C. 按照一定的道德标准去判断某一会计行为的善恶和是非

    D. 通过一定的措施，对符合会计职业道德的行为加以肯定和赞扬

三、判断题

1. 会计职业道德建设需要财政部门的推动，会计职业组织的行业自律以及社会各界齐抓共管。   （   ）

2. 会计职业道德情感、会计职业道德意志和会计职业道德信念，要通过内在的自我教育才能实现。因此有效开展会计职业道德教育的唯一途径就是依靠自我教育。　　　　　　　　　　　　　　　　　　　　　　　　　　（　　）

3. 自我教育即外在教育，是指通过学校或培训单位对会计从业人员进行以职业责任、职业义务为核心内容的正面灌输。　　　　　　　　　　（　　）

4. 会计人员在工作中应主动就单位经营管理中存在的问题提出合理化建议，协助领导决策，这是会计职业道德中的爱岗敬业所要求的。　　　（　　）

5. 会计职业道德中廉洁自律的要求是会计人员清正廉洁、遵纪守法、公私分明、不弄虚作假。　　　　　　　　　　　　　　　　　　　　　（　　）

6. 会计人员在任何情况下都不能向外界提供或者泄露本单位的会计信息。

　　　　　　　　　　　　　　　　　　　　　　　　　　　　　　（　　）

7. 会计职业道德是依靠社会舆论、道德教育、传统习俗和道德评价来实现的。　　　　　　　　　　　　　　　　　　　　　　　　　　　　（　　）

8. 会计职业道德是调整会计职业活动中的各种利益关系的手段。　（　　）

9. 会计职业道德教育是指为了促使会计人员正确履行会计职能，而对其施行的有目的、有计划、有组织、有系统的道德教育。　　　　　　　　（　　）

10. 岗前职业教育是强化会计职业道德教育的有效形式。　　　　（　　）

11. 实事求是、不偏不倚是体现会计职业道德规范的"诚实守信"原则的要求。　　　　　　　　　　　　　　　　　　　　　　　　　　　　（　　）

12. 会计职业道德与会计法律制度一样，都是以国家强制力作为实施的保障。　　　　　　　　　　　　　　　　　　　　　　　　　　　　（　　）

13. 会计职业道德与会计法律制度有着不同的性质、作用和表现形式，但保障实施机制是相同的。　　　　　　　　　　　　　　　　　　　　　（　　）

14. 会计职业道德的表现形式为明确的成文规定，具有具体性和准确性。

　　　　　　　　　　　　　　　　　　　　　　　　　　　　　　（　　）

15. 道德可分为社会公德、家庭美德和职业道德。　　　　　　　（　　）

四、实训练习

1. 2016 年 3 月，某商业银行按照财政部要求，决定在全行系统展开《会计法》执行情况检查。在检查中发现该银行下属支行行长李某、副行长胡某、财会科长罗某利用联行清算系统存在的漏洞，将 C 支行的资金划转到有李某等人控制的 D 企业名下，再从 D 企业的银行账户划转到境外由李某等人控制的公司账户。经查实 C 支行负责清算业务的会计张某早就知道 C 支行几年来在联行系统中存在很不正常的巨额汇差，怀疑与李某等人有关，但考虑到李某是自己的直接领导，慑于李某的地位和权威，认为多一事不如少一事，便没有声张，听之任之，直至案发。

（1）下列关于会计职业道德作用的表述中，正确的有（　　　）。

A. 会计职业道德是实现会计目标的重要保证

B. 会计职业道德是规范会计行为的基础

C. 会计职业道德是对会计法律制度的重要补充

D. 会计职业道德是提高会计人员素质的外在要求

（2）会计张某的行为违反的会计职业道德要求有（　　　）。

A. 张某的行为违背了廉洁自律的会计职业道德要求

B. 张某的行为违背了强化服务的会计职业道德要求

C. 张某的行为违背了坚持准则的会计职业道德要求

D. 张某的行为违背了客观公正的会计职业道德要求

（3）公私分明、不贪不占体现的是（　　　）的会计职业道德规范。

A. 客观公正　　　　　　　　　　B. 坚持准则

C. 廉洁自律　　　　　　　　　　D. 诚实守信

（4）会计人员运用会计知识理论为单位决策层、政府部门、投资人等提供真实、可靠的会计信息体现的是（　　　）的会计职业道德规范。

A. 参与管理　　　　　　　　　　B. 诚实守信

C. 提高技能　　　　　　　　　　D. 强化服务

（5）下列关于会计职业道德规范的表述中不正确的是（　　　）。

A. 爱岗敬业是会计职业道德的基础

B. 诚实守信是会计职业道德的内在要求

C. 廉洁自律是会计职业道德的精髓

D. 客观公正是会计职业道德的理想目标

2. 某公司因技术改造，资金周转困难，需要向银行贷款 3 000 万元。公司总经理找来财务主管李某说："现在公司资金紧张，急需向银行贷款，提供给银行的会计报表一定要'漂亮'一点，请你负责技术处理一下。"李某开始感到很为难，心想：自己是公司财务总主管，对公司的财务状况和偿债能力十分清楚，做这种"技术"处理是很危险的。在总经理的反复"开导"下，李某认为，公司领导对他十分照顾，自己目前的职位就是总经理提拔的，并加了薪，现在公司有难处，应该知恩图报，况且自己身为会计师，做一些"技术"处理应该不会有太多的困难。于是编制了一份"漂亮"的会计报告，获得银行汇票贷款3 000万元。根据题意回答下列问题：

（1）会计职业道德观念教育，应包括的内容有（　　）。

    A. 普及会计职业道德基础知识，是会计职业道德教育的基础

    B. 通过宣传教育，使广大会计人员了解会计职业道德知识，树立会计职业道德观念

    C. 违反会计职业道德，将受到惩戒和处罚

    D. 爱岗敬业、诚实守信、廉洁自律、客观公正、坚持准则、提供技能、参与管强化服务

（2）会计行为的规范化不仅要以会计法律规范作保障，还要依赖会计人员的（　　）来实现。

    A. 会计法掌握的程度   B. 会计知识的更新能力

    C. 会计实务操作能力   D. 道德信念和道德品质

（3）作为会计主管李某，违背了（　　）要求。

    A. 坚持准则   B. 参与领导

    C. 爱岗敬业   D. 诚实守信

（4）诚实守信的基本要求是（　　）。

    A. 做老实人，说老实话，办老实事

    B. 执业谨慎，信誉至上

    C. 保密守信，不为利益所诱惑

    D. 不偏不倚，保持应有的独立性

（5）坚持准则的基本要求有（　　）。

    A. 熟悉准则   B. 掌握准则

    C. 遵循准则   D. 坚持准则

参考答案

一、单项选择题

1. D；2. C；3. B；4. D；5. B；6. B；7. C；8. D；9. A；10. A；11. C；12. C；13. C；14. B；15. C；16. B；17. C；18. D；19. D；20. B

二、多项选择题

1. AD；2. ABD；3. ABD；4. ABCD；5. ABCD；6. ABCD；7. BC；8. ACD；9. ABCD；10. ABCD；11. ABCD；12. ABC；13. ACD；14. ABCD；15. ABCD；16. ABC；17. ABCD；18. ABC；19. ABC；20. AB

三、判断题

1. √；2. ×；3. ×；4. ×；5. ×；6. ×；7. √；8. √；9. √；10. ×；11. ×；12. ×；13. ×；14. ×；15. √

四、实训练习

1. （1）ABC；（2）CD；（3）C；（4）D；（5）BC
2. （1）ABC；（2）D；（3）AD；（4）ABC；（5）ACD

第十二章　当代会计发展

一、单项选择题

1. 在下列各项中，被誉为会计发展史上第一个里程碑的是（　　　）。
   A. 会计名词的形成　　　　　　　　B. 复式簿记的诞生
   C. 会计专职人员的出现　　　　　　D. 管理会计形成独立学科

2. 在下列各项中，不属于现代会计内容的是（　　　）。
   A. 会计目标的重大变化　　　　　　B. 管理会计与财务会计的分离
   C. 复式簿记的诞生　　　　　　　　D. 电子计算机在会计上的应用

3. 现代企业财务报告的主要使用者是（　　　）。
   A. 政府部门　　　　　　　　　　　B. 投资者
   C. 债权人　　　　　　　　　　　　D. 社会公众

4. 在下列各项中，属于会计监督职能内容的是（　　　）。
   A. 交易或事项的合法性　　　　　　B. 交易或事项的连续性
   C. 交易或事项的系统性　　　　　　D. 交易或事项的全面性

5. 在会计假设中，对会计活动所服务的对象作出基本设定的是（　　　）。
   A. 会计主体　　　　　　　　　　　B. 持续经营
   C. 会计分期　　　　　　　　　　　D. 货币计量

6. 在会计假设中，对会计所服务对象经营活动的持续性所作出基本设定的是（　　　）。
   A. 会计主体　　　　　　　　　　　B. 持续经营
   C. 会计分期　　　　　　　　　　　D. 货币计量

7. 在会计假设中，对会计所服务对象经营活动的持续性进行合理期间划分作出基本设定的是（　　　）。

  A. 会计主体   B. 持续经营

  C. 会计分期   D. 货币计量

 8. 在会计假设中，对会计活动所服务的对象发生的交易和事项进行处理时所采用的计量单位作出基本设定的是（　　　）。

  A. 会计主体   B. 持续经营

  C. 会计分期   D. 货币计量

 9. 企业用货币资金购买材料以后，货币资金即转化为（　　　）。

  A. 储备资金   B. 生产资金

  C. 成品资金   D. 固定资金

 10. 企业将储备的材料用于产品生产，储备资金即转化为（　　　）。

  A. 货币资金   B. 生产资金

  C. 成品资金   D. 固定资金

 11. 当企业的产品生产完工以后，生产资金即转化为（　　　）。

  A. 货币资金   B. 储备资金

  C. 成品资金   D. 固定资金

 12. 当企业销售其生产的成品并收到货款后，成品资金即转化为（　　　）。

  A. 货币资金   B. 储备资金

  C. 成品资金   D. 固定资金

 13. 企业应当以实际发生的交易或者事项为依据进行会计确认、计量和报告，体现的是会计信息质量的（　　　）。

  A. 可靠性要求   B. 相关性要求

  C. 可理解性要求   D. 实质重于形式要求

 14. 企业提供的会计信息应当与财务会计报告使用者的经济决策需要相关，体现的是会计信息质量的（　　　）。

  A. 可靠性要求   B. 相关性要求

  C. 可理解性要求   D. 实质重于形式要求

 15. 企业应当按照交易或者事项的经济实质进行会计确认、计量和报告，体现的是会计信息质量的（　　　）。

  A. 可比性要求   B. 实质重于形式要求

  C. 谨慎性要求   D. 及时性要求

16. 企业提供的会计信息应当反映与企业财务状况、经营成果和现金流量等有关的所有重要交易或者事项，体现的是会计信息质量的（　　　）。

  A. 可比性要求
        B. 重要性要求

  C. 谨慎性要求
        D. 及时性要求

17. 企业对交易或者事项进行会计确认、计量和报告不应高估资产或者收益、低估负债或者费用，这体现的是会计信息质量的（　　　）。

  A. 可比性要求
        B. 重要性要求

  C. 谨慎性要求
        D. 及时性要求

18. 企业对于已经发生的交易或者事项，应当及时进行会计确认、计量和报告，不得提前或者延后，这体现的是会计信息质量的（　　　）。

  A. 可比性要求
        B. 重要性要求

  C. 谨慎性要求
        D. 及时性要求

19. 在下列各项中，属于储备资金的是（　　　）。

  A. 库存现金 B. 原材料 C. 银行存款 D. 产成品

20. 在下列各项中，属于货币资金的是（　　　）。

  A. 应收账款 B. 原材料 C. 银行存款 D. 产成品

21. 在下列各项中，属于固定资金的是（　　　）。

  A. 应收账款
        B. 原材料

  C. 银行存款
        D. 固定资产

22. 在下列各项中，属于生产资金的是（　　　）。

  A. 应收账款
        B. 原材料

  C. 生产成本
        D. 固定资产

二、多项选择题

1. 一般认为，会计发展经历的三个主要时期为（　　　）。

  A. 萌芽时期
        B. 古代会计

  C. 史前会计
        D. 近代会计

  E. 现代会计

2. 现代会计的主要特征有（　　　）。

  A. 会计专职人员的出现
      B. 复式簿记的问世

C. 会计理论的建立   D. 电子计算机的应用

E. 管理会计形成独立学科

3. 在以下各项中，属于影响会计发展的社会环境内容有（   ）。

     A. 经济环境   B. 政治环境

     C. 自然环境   D. 科技环境

     E. 教育环境

4. 在下列各项中，属于现代企业财务报告使用者的有（   ）。

     A. 政府部门   B. 投资者

     C. 债权人   D. 社会公众

     E. 企业管理者

5. 企业财务报告提供的财务状况信息主要说明企业的（   ）。

     A. 经营资金来源渠道   B. 经营产生的收入

     C. 经营发生的费用   D. 经营实现的利润

     E. 经营资金存在形态

6. 企业财务报告提供的经营成果信息主要说明企业的（   ）。

     A. 经营资金来源渠道   B. 经营产生的收入

     C. 经营发生的费用   D. 经营获得的成果

     E. 经营资金存在形态

7. 根据我国《企业会计准则》的规定，财务报告的主要目标是（   ）。

     A. 向财务会计报告使用者提供与企业财务状况有关的会计信息

     B. 向财务会计报告使用者提供与企业经营成果有关的会计信息

     C. 向财务会计报告使用者提供与企业现金流量有关的会计信息

     D. 反映企业管理层受托责任履行情况

     E. 有助于财务会计报告使用者作出经济决策

8. 目前在我国，关于会计定义的代表性观点有（   ）。

     A. 管理技术论   B. 管理活动论

     C. 管理艺术论   D. 信息系统论

     E. 管理工具论

9. 与其他管理活动不同，会计管理活动具有（   ）。

     A. 合理性   B. 连续性   C. 系统性   D. 合法性

     E. 全面性

10. 根据我国《企业会计准则》的规定，下列各项中属于企业会计假设内容的有（　　）。

　　A. 会计主体　　　　　　　　　B. 持续经营

　　C. 会计分期　　　　　　　　　D. 历史成本

　　E. 货币计量

11. 会计主体假设要求，企业应当对其本身发生的交易或者事项进行会计确认、计量和报告。理解该假设时应注意的问题有（　　）。

　　A. 将本企业发生的交易或事项与其他企业发生的交易或事项区别开来

　　B. 将本企业与投资者之间发生的各种交易或事项区别开来

　　C. 将企业发生的交易或事项与企业所有者个人的交易或事项区别开来

　　D. 将本企业与债权人之间发生的各种交易或事项区别开来

　　E. 将本企业与供应商之间发生的各种交易或事项区别开来

12. 在会计上，明确界定会计主体假设的意义在于（　　）。

　　A. 划定会计所要处理的各项交易或事项的空间范围

　　B. 将本会计主体的交易或事项与其他会计主体的交易或事项区别开来

　　C. 划定会计所要处理的各项交易或事项的时间范围

　　D. 对本主体所发生的交易或事项的经济性质进行正确判断和处理

　　E. 为会计分期假设提供必要基础

13. 在会计上，明确界定持续经营假设的意义在于（　　）。

　　A. 划定会计所要处理的各项交易或事项的空间范围

　　B. 将本会计主体的交易或事项与其他会计主体的交易或事项区别开来

　　C. 划定会计所要处理的各项交易或事项的时间范围

　　D. 对本主体所发生的交易或事项的经济性质进行正确判断和处理

　　E. 为会计分期假设提供必要基础

14. 在会计上，明确界定会计分期假设的意义在于（　　）。

　　A. 划定会计所要处理的各项交易或事项的时间范围

　　B. 有利于建立有条不紊的会计工作基本程序

　　C. 将本会计主体的交易或事项与其他会计主体的交易或事项区别开来

　　D. 合理处理那些可能跨越若干会计期间的交易或事项

　　E. 对本主体所发生的交易或事项的经济性质进行正确判断和处理

15. 在会计上，明确界定货币计量假设的意义在于（　　）。

A. 能够统一会计计量的基本方法

B. 建立有条不紊的会计工作基本程序

C. 方便进行会计汇总和对比分析

D. 划定会计所要处理的各项交易或事项的时间范围

E. 合理处理那些可能跨越若干会计期间的交易或事项

16. 在下列各项中，属于企业会计对象具体内容的有（　　）。

A. 资产　　　　　　B. 负债

C. 所有者权益　　D. 收入　　　　E. 费用

17. 企业的经营资金在其运动过程中可能表现出来的具体形态有（　　）。

A. 货币资金形态　　　　　　　　B. 储备资金形态

C. 固定资金形态　　　　　　　　D. 成品资金形态

E. 生产资金形态

18. 在下列各项中，属于产品生产企业资金运动特点的有（　　）。

A. 体现为循环与周转方式　　　　B. 具有并存性和继起性

C. 各种资金形态按数量并存　　　D. 各种资金形态按比例并存

E. 具有补偿性和增值性

19. 会计信息质量的可比性要求包括的含义有（　　）。

A. 同一企业不同期间会计信息的可比

B. 同一企业相同期间会计信息的可比

C. 不同企业相同会计期间会计信息的可比

D. 不同企业不同会计期间会计信息的可比

E. 同一企业与不同企业会计信息不可对比

20. 在下列各项中，属于对会计信息质量首要要求的内容有（　　）。

A. 可靠性要求　　　　　　　　　B. 相关性要求

C. 及时性要求　　　　　　　　　D. 可理解性要求

E. 重要性要求

21. 在下列各项中，属于对会计信息质量次级要求的内容有（　　）。

A. 实质重于形式要求　　　　　　B. 相关性要求

C. 及时性要求　　　　　　　　　D. 谨慎性要求

E. 重要性要求

22. 在下列各项中，属于货币资金内容的有（　　）。

A. 库存现金   B. 原材料

C. 银行存款   D. 设备

E. 产成品

23. 在下列各项中，可能转化为企业生产资金形态的有（   ）。

A. 货币资金   B. 储备资金

C. 成品资金   D. 固定资金

E. 销售成本

24. 在下列各项中，属于资金退出企业的内容有（   ）。

A. 企业向国家缴纳税费   B. 企业按约定了结债务

C. 企业收到投资者的投资   D. 企业用购入材料生产产品

E. 企业向投资者分配利润

三、判断题

1. 近代会计的主要特征是专职会计人员的出现。 （   ）

2. 财务会计主要承担向企业内部的管理层提供企业相关信息的责任。

（   ）

3. 在诸多环境中，对会计各发展阶段都具有普遍影响作用的是经济环境。

（   ）

4. 2016 年我国颁布 39 项会计准则，表明与国际准则实现了全面趋同。

（   ）

5. 经济环境会影响会计的发展，但会计对经济环境不具有影响作用。

（   ）

6. 会计目标是近代财务会计理论体系中的核心概念。 （   ）

7. 在会计发展的不同历史阶段，会计的目的也有所不同。 （   ）

8. 会计对交易和事项的管理主要是价值形式的管理。 （   ）

9. 在会计的两项基本职能中，监督职能是其最基本职能。 （   ）

10. 会计假设也称会计基本前提。 （   ）

11. 我国企业会计准则体系适用于非持续经营企业的会计确认、计量和报告。 （   ）

12. 会计对象是指企业财务会计核算和监督的基本内容。 （   ）

13. 一般认为，会计对象是社会再生产过程中的资金运动。 （　　）

14. 企业筹集的资金最初都是以货币资金形态进入企业的。 （　　）

15. 对企业的资金筹集阶段可划分为供应、生产和销售三个具体过程。

（　　）

16. 与非营利组织的资金运动情况相比，产品生产企业的资金运动不体现为循环与周转方式。 （　　）

17. 资金从货币资金形态开始，经过一系列的形态变化，最终又回复到货币资金状态的过程称为资金周转。 （　　）

18. 资金运动的增值部分是企业实现的利润。 （　　）

19. 资产主要表明资金在运动过程中的具体存在形态。 （　　）

20. 会计对象的具体内容也称会计要素。 （　　）

21. 广义会计信息一般是指由某一会计主体对外报告的财务状况、经营成果和现金流量等方面的信息。 （　　）

22. 企业会计信息质量要求是指使财务报告所提供的会计信息对包括投资者在内的各类使用者的经济决策相关应具备的基本特征。 （　　）

23. 会计信息质量要求的可靠性要求企业应当以实际发生的交易或者事项为依据进行会计确认、计量和报告。 （　　）

24. 同一企业不同期间会计信息的可比也称横向可比。 （　　）

25. 会计信息质量要求的可比性要求对相同或相似的交易或者事项采用一致的会计政策。 （　　）

26. 实质重于形式要求中的"实质"指的是交易或事项所具有的经济性质。

（　　）

四、简答题

1. 会计的发展历程是怎样的？会计的不同发展阶段有哪些显著标志？

2. 怎样理解经济环境对会计产生和发展的决定性作用？

3. 什么是会计目标？怎样理解会计目标的代表性观点？

4. 什么是会计？怎样理解企业财务会计的定义？

5. 什么是会计主体假设？明确会计主体假设的意义是什么？

6. 什么是持续经营假设？明确持续经营假设的意义是什么？

7. 什么是会计分期假设？明确会计分期假设的意义是什么？

8. 对会计对象应当怎样定义？包括哪些具体内容？

9. 产品生产企业的资金运动有哪些特点？

10. 怎样理解会计信息质量的可靠性要求和相关性要求？

11. 怎样理解会计信息质量的可比性要求？

12. 怎样理解会计信息质量的实质重于形式要求？

参 考 答 案

一、单项选择题

1. B；2. C；3. B；4. A；5. A；6. B；7. C；8. D；9. A；10. B；11. C；12. A；13. A；14. B；15. B；16. B；17. C；18. D；19. B；20. C；21. D；22. C

二、多项选择题

1. BDE；2. DE；3. ABDE；4. ABCD；5. AE；6. BCD；7. DE；8. BD；9. BCE；10. ABCE；11. AC；12. ABD；13. CE；14. BD；15. AC；16. ABCDE；17. ABCDE；18. ABDE；19. AC；20. ABD；21. ACDE；22. AC；23. ABD；24. ABE

三、判断题

1. ×；2. ×；3. √；4. √；5. ×；6. ×；7. √；8. √；9. ×；10. √；11. ×；12. √；13. √；14. ×；15. ×；16. ×；17. ×；18. √；19. √；20. √；21. ×；22. √；23. √；24. ×；25. √；26. √

四、简答题

1. 一般认为，会计的发展经历了古代会计、近代会计和现代会计三个主要时期。古代会计的标志有：会计专职人员的出现、会计机构的建立，以及"会计"名词的形成等；近代会计的标志是复式簿记（也称复式记账法）的创建与传播；现代会计的标志是会计目标的变化、管理会计的形成并与财务会计分离、电子计算机在会计上的应用，以及随世界经济一体化而兴起的会计准则的国际趋同等。

2. 会计产生和发展表明：会计是适应人类对经济活动管理的需要而产生的，

又是随着社会经济的发展而不断发展的。在古代会计阶段，由于社会生产力极为低下，决定了会计不可能有快速的发展。在近代会计阶段，会计在民间得到了广泛应用，拥有了更广阔的发展空间，复式簿记诞生并取代单式簿记就是一个很好的例证。在现代会计阶段，特别是在产业资本主义推动下，企业的组织形式呈现出多元性，要求会计不仅要服务于企业本身的经营管理，更要服务于为企业提供资金支持的广大投资者和债权人等会计信息使用者。由此可见，经济环境对会计产生和发展具有决定性作用。

3. 会计目标是指在一定的历史条件下，人们通过会计所要实现的目的或达到的最终成果。会计目标的代表性观点有决策有用观和受托责任观两种。决策有用观认为，企业财务会计的目标就是向会计信息的使用者提供与其经济决策相关的信息。这些信息主要包括企业财务状况、现金流量等方面的财务信息和企业经营业绩方面的经营成果信息。受托责任观认为，企业的经营管理层作为资源管理的受托方，接受投资者和债权人的委托，应承担有效管理和运用受托资源，并促使其保值增值的责任。为此，企业的经营管理层同时应承担如实向委托方报告受托责任的履行过程及其结果的义务。

4. 在会计发展的不同阶段，人们对会计的认识有所不同，对会计进行定义的角度也有较大差别。因此，会计的定义并不是唯一的，但具有以下两种具有代表性的观点。管理活动论观点认为："会计这一社会现象属于管理范畴，是人的一种管理活动。会计的功能总是通过会计工作者从事的多种形式的管理活动实现的。"信息系统论观点认为："从本质上讲，会计是一个信息系统。"我国的一些会计学者将其表述为："会计是旨在提高企业和各单位活动的经济效益，加强经济管理而建立的一个以提供财务信息为主的经济信息系统。"

5. 会计主体假设要求，企业应当对其本身发生的交易或者事项进行会计确认、计量和报告。为了向会计信息使用者提供对其决策有用的信息，会计确认、计量和报告应当集中反映特定服务对象的经济活动。明确界定会计主体假设的意义在于：只有明确会计主体，才能划定会计所要处理的各项交易或事项的空间范围；只有明确会计主体，才能将本会计主体的交易或事项与其他会计主体的交易或事项，以及会计主体所有者个体的交易或事项区别开来；才能对本主体所发生的交易或事项的经济性质进行正确判断和处理。

6. 持续经营是指在可以预见的未来，企业将会按当前的规模和状态继续经营下去，不会停业，也不会大规模削减业务。明确界定持续经营假设的意义在于：第一，只有明确持续经营前提，才能划定会计所要处理的各项交易或事项的时间范围。即会计所确认、计量和报告的交易或事项必须以企业正常经营活动期间发生的交易或事项为主要内容。第二，只有明确持续经营前提，才能为会计分期假设提供必要基础。

7. 会计分期是指将一个企业持续经营的生产经营活动划分为一个个相互连续的期间，即会计期间。会计分期假设强调，企业应当划分会计期间，分期结算账目和编制财务会计报告。明确界定会计分期前提的意义在于：第一，只有明确会计分期前提，才有利于建立有条不紊的会计工作基本程序，便于及时结算账目，并以此为依据编制财务会计报告，向会计信息使用者及时提供与其经济决策相关的会计信息。第二，只有明确会计分期前提，才能合理处理那些可能跨越若干会计期间的交易或事项。

8. 会计对象是指企业财务会计核算和监督的基本内容。一般认为，会计对象是社会再生产过程中的资金运动，在企业则是指其经营资金的运动。会计对象的具体内容是指对会计对象基本内容，即资金运动作进一步划分而形成的具体内容，也是资金运动的具体表现形式。产品生产企业会计对象的具体内容可概括为以下六类：资产、负债、所有者权益、收入、费用和利润，即企业类经济组织的资金在运动过程中所表现出来的具体形式。

9. 产品生产企业资金运动的特点主要有：体现为循环与周转方式；具有并存性和继起性；各种资金形态按比例并存；具有补偿性和增值性。

10. 可靠性要求企业应当以实际发生的交易或者事项为依据进行会计确认、计量和报告，如实反映符合确认和计量要求的各项会计要素及其他相关信息，保证会计信息真实可靠，内容完整；相关性要求企业提供的会计信息应当与财务会计报告使用者的经济决策需要相关，有助于投资者等财务报告使用者对企业过去、现在、未来的情况做出评价或预测。会计信息质量的相关性要求是建立在会计信息可靠性基础上的一条要求，是以会计信息的可靠性为前提的相关性。若会计信息不具有可靠性，则难以使其达到与信息使用者的决策相关的目的。因此，可靠性与相关性既是对立的，也是统一的。应在保证会计信息可靠性的前提下，尽可能地满足相关性质量要求，以最大限度地满足投资者等财务报告使用者的经济决策需要。

11. 可比性要求企业提供的会计信息应当具有可比性。包括以下两层含义：（1）同一企业不同期间会计信息的可比，也称纵向可比。可比性要求同一企业对不同期间发生的相同或者相似的交易或者事项，应当采取一致的会计政策，一般不得随意变更，以使各个会计期间的同类信息具有相互可比性。（2）不同企业相同会计期间会计信息的可比，也称横向可比。可比性要求不同企业对于同一期间发生的相同或者相似的交易或者事项，应当采用统一规定的会计政策，确保会计信息口径一致、相互可比，以使不同企业按照一致的确认、计量和报告的要求提供相关的会计信息。

12. 实质重于形式要求企业应当按照交易或者事项的经济实质进行会计确认、计量和报告，不应仅以交易或者事项的法律形式为依据。经济实质是指交易或事项所具有的经济特质。如前所述，企业发生的交易或事项会影响企业的资产、负债和所有者权益等会计要素发生某些方面的变动。这说明交易或事项总是体现资产、负债和所有者权益等会计要素所具有的经济性质。法律形式是指交易或事项所引发的所有权、使用权和处置权等方面的权利或义务。如资产是企业所拥有或控制的经济资源，表明企业对其具有所有权、使用权和处置权等方面的权利；而负债是企业应当负担的经济义务，须以企业的资产或劳务进行清偿等。经济实质与其法律形式构成了交易或事项相辅相成的两个方面。一般而言，企业发生的交易或事项的经济实质与法律形式是统一的。如企业用自有资金购入的材料和设备等，其经济性质属于能够预期为企业带来经济利益的资产；从法律形式来看，企业对其具有所有权、使用权和处置权。在这种情况下，交易或事项的经济实质与法律形式是一致的。但在有些情况下，交易或事项的经济性质和法律形式会产生一定的分离。如企业在采用融资租赁方式租入设备时，根据双方的协议，承租方应分期向出租方以租金形式支付设备款。在设备款未付清之前的会计期间，从法律形式上，设备的所有权并没有完全转移给承租方，会产生承租方对该设备是否具有所有权的争议。从经济实质上，也会产生该设备是否属于承租方资产的争议。按照实质重于形式的质量要求，企业对这类比较特殊的交易或事项在进行会计处理时，应注重其经济实质，而不必完全拘泥于其法律形式。融资租入设备在未付清设备款之前，承租方已经实际使用该设备，并为企业带来了相应的经济利益，符合资产要素的本质特征，因此可以将其确认为承租方的资产。